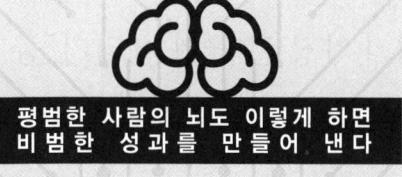

평범한 사람의 뇌도 이렇게 하면
비범한 성과를 만들어 낸다

공감의 窓,
혁신의 화살

김기찬, 임홍재, 팽경인, 박명길, 배종태, 공정호 지음

시사저널

머리말

인간계의 가장 큰 공짜 에너지, 공감을
여러분들은 어떻게 활용하고 계십니까?

김기찬_ 가톨릭대학교 교수

마이크로소프트의 잃어버린 14년, 왜?

2009년 윈도우 비스타는 출시가 늦어지고 버그가 많았다. 2009년 마이크로소프트 주가는 19달러대를 기록하고 이제 마이크로소프트는 부활이 어려울 것이라는 시장 전망이 있었다. 그러나 2021년 9월 4일 마이크로소프트의 주가는 300달러대를 기록 중에 있다.

그 동안 어떤 일이 있었을까?

2000년 이후 마이크로소프트의 CEO로 빌게이츠의 창업동지 스티브 발머가 등장한다. 그때 마이크로소프트의 업의 본질은 경쟁사를 퇴출시키는 것이있다.

스티브 발머 시절의 마이크로소프트는 경쟁사를 시장에서

퇴출시키기 위해 수단과 방법을 가리지 않은 것으로 악명이 높았다. 경쟁사였던 애플과 구글, 리눅스 등을 '적'으로 규정하고 치열하게 싸웠다.

그리고 내부인사제도는 가혹하기로 유명한 잭 웰치의 스택랭킹Stack Ranking의 인사제도를 도입했다. 1980년대와 1990년대 세계를 휩쓴 인사제도였다. 사람들을 서열화하여 상위 20%에게는 어마어마한 스톡옵션과 월급을 주고, 하위 10%는 가혹하게 잘라버리는 제도였다. 그러나 이것이 스티브 발머와 마이크로소프트 실패의 시작이 되었다. 마이크로소프트 기업문화에는 살아남기 위해 조직원간 내부 총질만 남고 팀간의 협력은 사라지고 말았다. 구성원들은 역량을 발휘하기보다, 살아남기 위해 조직의 성과를 나의 것으로 쟁취해야 했고, 조직은 정치판이 되고 말았다. 아무도 협력하지 않고, 능력 있는 인재들은 다른 곳으로 떠나기 시작했다.

세계 시장을 석권했던 컴퓨터 운영체제OS는 모바일시장에서 힘도 못쓰고 구글의 안드로이드에게 밀리기 시작했다. 2007년 출시된 윈도우 비스타는 출시가 늦어지고 버그가 많았고, 또한 모바일시장에서는 검색엔진을 구글한테 내주기 시작했다. 안드로이드가 시장을 가져가기 시작했고, 마이크로소프트는 경쟁에서 도태되기 시작했다. 조직내 협력도 없었고, 모바일시장에 대응하는 창조적인 신제품도 별로 없었다. 모바일 시장이 폭발적으로 성장하면서 PC 시장이 급격하게 추락했고, 마이크로소프트는 무너지고 주가가 폭락했다. 모바일 트렌드를 놓치고 2009년 마이크로소프트 주가는 19달러대를 기록했다. 이제 부활이 어려울 것이라는 시장 전망이 난무했다. 그러나 2021년 9월 마이크로소프트의 주가는 300달러대를 기록하면서 세계에서 가장 급성장하는 테크기업으로 부활하고 있다.

왜? 사티아 나델라의 공감경영 덕분이다.

빌 게이츠의 창업동지였던 2대 CEO 스티브 발머가 2014년 퇴진하고 2014년 2월 47세의 인도 출신인 사티아가 등장하면서, 목표만 있고, 목적을 잃어버린 스택랭킹 제도를 폐기하고, 공감경영으로 '독점과 폐쇄적 기업문화를 개방과 협력'의 기업문화로 전환시켰다.

사티아 나델라 회장이 본 마이크로소프트의 업은 협력과 연결하기였다. 나델라는 발상의 전환 없이는 회사가 살아날 수 없음을 절감하고 '협력과 연결'을 새로운 사업 방향이자 경영 모토로 삼았다. 사티아 나델라는 평가에서 임팩트Impact를 강조한다. '당신은 다른 조직에 기여한 것이 뭐냐? 다른 부서의 성장에 당신이 기여한 것이 뭐냐?'라고 묻기 시작했다. 기업문화가 팀간의 협력문화로 바뀌기 시작한 것이다.

업을 전환하라!

사티아 나델라는 업의 전환을 선언하고, 기업을 바꾸는 '히트 리프레시Hit Refresh(새로 고침을 눌러라)'를 강조했다. 나델라 회장이 마이크로소프트의 문화를 새롭게 바꾸고 대담한 도전을 이어나갈 수 있었던 원동력은 '공감empathy'이었다.

사티아 나델라 회장은 취임하자마자 많은 직원들을 만나 그들의 이야기에 귀를 기울이며 "우리 회사가 존재하는 이유는 무엇인가?" "우리 회사의 영혼은 무엇인가?" 같은 근본적 질문을 던지며 기업문화를 대전환시켰다. 그들이 공감할 때까지 소통하고자 했다.

마이크로소프트는 2014년 2월 나델라가 CEO에 오른 뒤 부활하기 시작했다. PC 시장이 쪼그라들면서 기울어가던 회사를 클라우드 컴퓨팅을 새 성장동력으로 삼아 다시 일으켜 세웠다. 그의 지휘 아래 마이크로소프트 주가는 10배 이상 올랐고, 2018년 시가총액은 미국 기업 중 1위를 기록하기도 했다.

애플의 iOS와 구글 안드로이드에 사용할 수 있는 오피스앱을 발표하고, 클라우드라는 새 사업에 진출하는 결단을 내렸다. '모바일 퍼스트, 클라우드 퍼스트'로의 사업 전환을 그렇게 해서 이뤄냈다. 경쟁보다는 공존을 꾀하며 제로섬 게임 논리에 갇히지 않았다. 이것이 마이크로소프트의 재도약에 날개를 달

아줬다. 16만 명의 직원과 연간 17~18%의 성장을 거듭하기 시작했다.

전략에서 문화로

인간계의 가장 큰 공짜 에너지, 공감을 여러분들은 어떻게 활용하고 계십니까? 인간의 성질을 한 꺼풀씩 벗겨냈을 때 마지막에 남는 것은 공감이라는 기능이라고 애덤 스미스는 말한다.

전략이 문화를 이길 수 없다. 문화가 85%라면, 전략은 15%라는 드러커의 말처럼, 혁신의 문화로 승부해야 한다. 문화는 지시하는 것이 아니라 공감하는 것에서 사람들간의 케미가 만들어진다.

공감이 있는 조직의 구성원들은 즐겁게 몰입하고 그들의 아이디어를 내놓기 시작한다.

공감하고 영감을 주는 지도자가 되십시오.

사람이 희망입니다. 호모 엠파티쿠스!

머리말

인간계의 가장 큰 공짜 에너지, 공감을
여러분들은 어떻게 활용하고 계십니까? ················ 2

1장 호모 엠파티쿠스 ···························· 10

1. 링컨의 공감 리더십 ································· 13
2. 자본주의의 강점은 혁신이고 약점은 사람이다 ············ 22
3. 기업의 업의 본질은 무엇일까? ························ 28
4. 마케팅의 핵심은 사람이다 ···························· 39

2장 공감 경영의 사례 ········· 44

1. 소통과 공감을 통한 경영 ············· 47
2. 따뜻한 이해관계자 경영 ············· 73
3. 고래도 잡는 공감 외교 ············· 99
4. 공감과 소통이 일하고 싶은 기업을 만든다 ········· 141

3장 사람 중심의 기업가정신 ········ 152

1. 일하고 싶은 기업의 혁신효과 ············· 155
2. '비대면 시대' 어떻게 성과를 내는 기업을 만들 것인가? ······ 176
3. 비즈니스, 다시 본질로 돌아가라 ············· 182

에필로그 시련을 딛고 공감을 배운 꼼파니아학교 ············ 216
필자 소개 ············· 259

1장
호모 엠파티쿠스

리더의 영향력이란 군림하는 것이 아니라 공감과 포용에서 생기는 것이다. 링컨은 국민들과 공감하고자 했고, 라이벌을 포용한 대통령이었다. 자신의 적을 충실한 조언자로 만든 것은 공감과 포용의 리더십이었다.

1. 링컨의 공감 리더십

김기찬_ 가톨릭대 교수

(1) 역사를 움직이는 힘, 공감

역사를 움직이는 가장 강력한 에너지는 공감^{empathy}이다. 위기의 시대일수록 적자생존이 아닌 공감하는 인간들의

---

1 본 원고는 김기찬, [경제·인문사회연구회] 미래정책 포커스(가을호/2020) '리더의 제언'의 글을 재수록한 것임을 밝혀둡니다.

협력에 의해 역사는 발전했다. 인류는 공감이라는 능력 덕분에 세계를 호령하는 종이 됐다. '공감한다. 고로 존재한다.'라고 말한 제레미 리프킨Jeremy Rifkin은 이러한 인간을 호모 엠파티쿠스Homo Empathicus로 불렀다.

공감이란 다른 사람에 대한 관심이다. 타인의 기쁨과 슬픔을 함께 느끼는 감정으로, 인간은 선천적으로 공감적 고통inborn empathic distress을 느낀다. 아이가 아프면 엄마도 아픔을 느끼는 것은 상대방을 이해해서가 아니라 아이와 공감하기 때문이다.

10만 년 전까지만 해도 지구상에는 최소 6종의 인류가 있었다고 한다. 하지만 그중 호모 사피엔스만이 살아남았다. 호모 사피엔스가 생존할 수 있었던 비밀은 그들 중 가장 뛰어난 공감 능력을 가졌기 때문이다. 공감은 협력을 만든다. 인류는 갈등할 때 후퇴했고, 협력할 때 진화했다.

(2) 공감과 포용의 링컨 리더십

링컨 리더십의 핵심은 마음을 얻는 공감과 혁신을 만

들어내는 포용에 있다. 공감은 국민과 함께 하겠다는 것이고, 포용tolerance은 이질적인 것과의 차이를 수용하겠다는 것이다. 이런 공감과 포용은 국민의 마음과 경쟁자의 마음의 문을 여는 열쇠가 되었고, 남북전쟁과 노예해방을 이끌어 내는 힘이 되었다.

에이브러햄 링컨은 대통령이 되기 전 특허소송 변호인단 소속의 변호사였다. 당시 애송이 취급을 받았던 링컨에게 전국적인 명성을 가진 에드윈 스탠튼 변호사는 '키 큰 원숭이'라는 별명을 붙여 조롱하기도 했다. 그랬던 링컨은 1860년 5월 18일 공화당 전당대회에서 슈워드, 체이스, 베이츠 등 당당한 후보들을 제치고 대통령 후보로 선출되었다.

1861년 마침내 링컨은 미국 대통령에 당선되었으며, 그는 첫 내각에 가장 격심하게 경쟁했던 라이벌인 슈워드를 국무장관에 임명했다. 자신을 '원숭이'로 부르며 조롱하기까지 했던 인물이었다. 링컨은 최고의 라이벌이 최고로 유능하다고 믿었다. 그래서 경쟁자를 등용했고, 라이벌까지 끌어안은 포용적 리더십으로 남북전쟁을 승리로 이끌었고, 연방제를 지켰다. 링컨을 조롱했던 스탠튼 국방장관은 남북전쟁의 주역이 되었다. 공감과 포용은 '한번 함께 해봅시다'라는 협력행동을 만들었다.

　미국 제16대 대통령 링컨은 공감과 포용의 리더십으로 가장 존경받는 대통령으로 기억되고 있다. 2015년 암살 150주기를 맞아 미국 정치학회가 발표한 역대 대통령 평가조사에서 링컨은 100점 만점에 95점을 받아 1위를 차지하기도 했다.

　링컨이 숨을 거둔 워싱턴 DC 10번가에 있는 피터슨 하우스는 국가유적지로 지정되어 있다. 피터슨 하우스는 1965년 연극을 관람 중이던 링컨이 총에 맞은 후 길 건너편에 있던 이곳으로 옮겨져 죽음을 맞은 곳이다. 바로 옆에는 링컨을 기리며 건립된 4층짜리 리더십 센터가 있다. 이곳은 2012년 링컨 탄생 203주년을 기념해 젊은이들에게 꿈과 비전을 주기 위해 설립되었다. 그가 암살됐던 장소가 리더십 교육의 현장으로 거듭나고 있다.

　리더십 센터에는 링컨에 관한 6,800여권의 책으로 만들어진 북 타워가 있다. 또 '링컨의 리더십을 요약하면?'이라는 코너도 있다. 이곳에는 공감과 포용, 정직성^{Integrity}, 창조성^{creativity}과 혁신^{innovation}, 용기^{courage} 그리고 공정성과 평등^{equality} 이렇게 5가지를 링컨 리더십으로 요약하고 있다. 링컨 리더십 센터에서는 공감이란 국민들의 감정을 이해하는 것으로 정의한다. 즉 국민의 생각, 느낌 그리고 행동에 대해 깊은 관심을 가지고 이해하려는 생각을 뜻한다. 또한 포용은 자신과 다르거나 갈등적인 신념과 관행을 가진 국민을 받아들이는 생각을 말한다. 즉 함께 하는 것이 공감이고, 다름을 인정하고 이질적인 것과 차이를 수용하는 것이 포용이라고 말하고 있다.

(3) 공감은 힘의 원천, 포용은 혁신의 원천

리더는 공감을 통해서 국민의 마음을 얻을 수 있다. 그러니 공감이란 '통'이다. 서로 통하게 한다. '통즉불통 불통즉통(通卽不痛 不通卽痛).' 즉 통하지 않으면 통증이 있고, 통하면 통증이 없다. 공감이 없는 조직은 아프다. 인간을 뜻하는 'Human'의 어원은 라틴어 'Humus(흙)'에서 유래되었다. 이 Humus에 영혼을 넣어주는 것이 'Inspire'이다. '숨을 불어넣다'는 뜻의 Inspire는 In(안)+spir(숨쉬다; 영혼, 정신의 상징)의 복합어다. 숨이 멎었던 사람이 '후유' 하고 다시 숨을 내쉴 수 있도록 격려하고, 고무하고, 숨을 불어넣어 주는 것이다. 우리는 공감할 때, '후유' 하고 안심할 수 있다. 그래서 공감은 다른 사람의 마음이 우리에게 다가오는 소리다.

공감empathy의 어원은 'en(안)'+'pathos(감정)'의 복합어로서, 다른 사람의 감정을 자신에게 이입시키는 것이다. 말 그대로 공감이란 나의 감정을 대상에 이입시키거나 대상의 감정을 나에게 이입시켜서 서로 하나가 되는 과정이다. 그렇게 되면 함께 슬퍼하고 함께 기뻐하게 된다. 차이를 인정하는 포용은 지도자들에게 쉽지 않은 덕목이다. 인간은 기본적으로 이질적인 존재에 대해 혐오, 배제하도록 세팅되어 있기 때문이다. 그러나 이질적인 것이야말로 새로운 역량을 키워준다.

세상 진화의 법칙에 8%의 룰이 있다. 바로 이질적인 8%와 협력할수록 혁신성과가 높아진다는 룰이다. 왼손잡이의 비율도 약 8%이다. 오른쪽 위주 교육에서 바른손을 들라고 했을 때 왼손을 드는 사람이다. 명투수 커트 실링이나 왕정치, 이승엽 등이 왼손잡이 타자다. 이런 이들이 많은 구단의 승률이 높다.

세계적으로 손꼽히는 경영전략가 게리 하멜^{Gary Hamel}은 코로나 시대 이후 인류에게 필요한 것으로 '겸손^{humble}'이란 단어를 꼽았다.

"그동안 인류는 오만했습니다. 거대 기업은 더 그랬죠. 세상을 부유하게 하고 통제할 수 있다는 자만에 가득 찼지만 결과적으로 눈에 보이지도 않는 바이러스 앞에서 무기력했을 뿐입니다. 무한 성장을 맹신했던 옛 세대들은 깨닫는 게 더 많았을 겁니다. 이번 일을 계기로 인간은 좀 더 겸손해질 수 있고, 생태와 자연의 힘을 존중하게 될 겁니다."

인간은 경쟁이 아니라 협력으로 똑똑해진다. '팀보다 더 위대한 선수는 없다(No player is bigger than the Team).' 영국 프리미어리그의 맨체스터 유나이티드를 27년간 이끌며 세계 최고의 명문 클럽으로 만든 알렉스 퍼거슨 감독의 말이다. 좋은 성과는 개인의 능력도 중요하지만 무엇보다 사람과 사람 간 협력이 만들어내는 팀워크가 중요하다.

구글에는 '전체는 부분의 합보다 크다(The whole is more than the sum of its parts)'라고 했던 아리스토텔레스에서 영감을 받아 시작된 '아리스토텔레스 프로젝트'가 있다.

이처럼 포용과 혁신은 불가분의 관계다. 조지프 슘페터의 혁신은 새로운 결합$^{New\ Combination}$을 말한다. 참다운 포용은 혁신을 내포해야 하고, 참다운 혁신은 포용을 지향해야 한다.

(4) 리더여, 공감하라

리더의 영향력이란 군림하는 것이 아니라 공감과 포용에서 생기는 것이다. 링컨은 국민들과 공감하고자 했고, 라이벌을 포용한 대통령이었다. 자신의 적을 충실한 조언자로 만든 것은 공감과 포용의 리더십이었다. 그 결과 남북전쟁을 승리하고, 노예해방을 이끌어냈다. 최고의 공감은 함께 우는 것이다. 그리고 함께 일어서는 것이다. 공감은 어려움을 함께 극복하는 힘이 된다.

로마가 천년 동안 장수한 비결은 로마를 위해 피를 흘리고 땀을 흘린 이방인들이 로마시민이 되도록 한 개방성과 포용성에 있다. 이방인들이 로마시민이 되도록 문을 열었던 로마의 포용성이 그들의 교육역량, 경제력, 기술력을 더 강하게 만들었다.

코로나 위기 이후 신인본주의의 새로운 문명기가 오고 있다. 인류는 서로 포용하고, 공감의 공동체를 만들어야 한다. 그것은 바로 호모 엠파티쿠스!

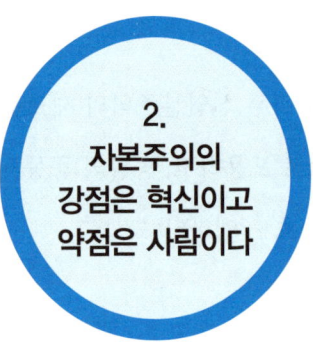

2. 자본주의의 강점은 혁신이고 약점은 사람이다

김기찬_ 가톨릭대 교수

(1) 자본주의의 가장 큰 약점이 무엇일까?

자본주의의 강점은 혁신이지만 약점은 사람이라고 할 수 있다. 시장을 위해 사람이 희생되는 경우가 많기 때문이다. 진정한 자본주의란 사람과 혁신을 통합하고 어느 것도 소홀하지 않도록 해야 한다. 이것이 보이는 손$^{visible\ hand}$으로서 정부의 역할이다. 기업가정신도 초기에는 혁신만 강조했다. 그러나 혁신의 성과를 개인 기업가가 독점해서는 안 된다. 함께 하는 직원이나 고객들과 공유하고 공감하는 노력이 필요하다. 혁신에는 지적자본이 중요하지만, 인간생활에는 감정자본관리가 중요하다. 애덤 스미스는 혁신을 위해서는 보이지 않는 손을 제안했고, 감정자본관리를 위해서는 공감을 특효약으로 제안했다.

(2) 많이 웃을수록 더 건강해진다

대표적으로 싱가포르 국민들은 웃음이 적고 상대방에 대해 적대적인 경향이 있는 편이다. 싱가포르의 리콴유 전 총리는 규율이 엄격한 사회에서 웃음이 적은 국민을 위해 국민을 웃게 하는 프로젝트를 했다. 이때 웃음프로젝트를 주도할 책임자로 인도네시아 사람을 강사로 초빙했다고 한다. 잘 웃는 국민 가운데 하나가 인도네시아인이라고 생각한다. 옛날 인도네시아에는 우울한 공주 웃기기 경합에서 이긴 사람이 왕이 되는 시절도 있었다.

웃음의 어원은 헬라어로 건강health이라는 의미라고 한다. 그렇다면 한국의 성인은 하루에 몇 번 정도 웃을까? 한국인은 14번 정도 웃는다고 한다. 이처럼 한국인들은 웃음이 적고 평소에도 화난 듯한 인상을 하고 있다. 한국인은 이처럼 너무 심각하게 살고 있다. 김석균 원장의 칼럼에 의하면, 어른이 되면 웃음을 잃어버린다고 한다. 아이들은 생후 2~3개월 이후 하루에 400번 이상 웃지만 성인이 되면서 점차 웃음의 횟수가 줄어들어 평균 14회 정도라고 한다. 이에 비해 인도네시아인은 하루에 150번 정도 웃는다. 인도네시아인은 우리보다 물질적으로는 더 어렵게 살지만 더 밝게 살고 있다.

혁신에 성공하려면 우리에게 더 중요한 것은 공감 능력과 더 많은 웃음이 필요하다. 웃음이 많아질수록 신경세포를 활성화시키는 세로토닌의 분비가 촉진된다. 세로토닌 분비가 활발해지면 변연계의 공감세포가 활성화되어 다른 사람들과 더 공감하고 더 행복해진다. 지금처럼 어려운 코로나 시기에 한국인에게도 웃음을 주는 국가 프로젝트가 추진되었으면 한다.

(3) 경쟁이 심한 나라의 약점은 무엇일까?

대한한국은 이제 1인당 국민소득 3만 달러의 나라다. 대한민국의 국내총생산GDP 지수는 세계 10위다. 우리나라의 '블룸버그 혁신지수' 순위는 지난 7년간 세계 1위를 기록해왔다. 그러나 한국의 노인 자살률은 세계에서 가장 높다. 게다가 사회적 갈등과 대립은 점점 도를 더하고 있다. 우리나라의 방송, 강의, 토론을 보면 웃음이 거의 없다. 그저 똑똑한 지식을 동원해서 상대방에 대한 가혹한 공격을 마구 쏟아낸다. 마치 지식의 경연장처럼 상대방의 장점에 대해서는 안중에도 없고 약점을 찾아 쑤셔대기 바쁘다. 그런다고 시청자나 상대방이 공감하고 설득될 수 있을까? 아니다. 오히려 다음 기회에 복수를 다짐하는 시간만 되고 말 것이다. 웃을수록 시청자는 훨씬 마음이 편안해지고 공감 가능성이 높아진다.

경영학의 구루인 피터 드러커는 회의나 대회에서 강점 관리를 추천했다. 긍정적 탐구의 AI Appreciative Inquiry를 강조했는데, 상대방을 볼 때 강점을 70%쯤 보고 칭찬하고, 그 이후 약점을 30% 정도 이야기하는 것이다. 그러면 회의가 끝나고 나면 자신의 약점으로 보완하는 자발적 노력이 일어난다는 것이다. 드러커식 리더십이란 조직의 강점을 잘 정렬함으로써, 결국 조직의 약점들이 별로 문제가 되지 않게 하는 것이다.

요즘 모두 인공지능의 AI Artificial Intelligence를 이야기하지만 중요한 일은 사람이 하는 것이다. 사람 안에 답이 있다. 이들을 움직이는 긍정적 탐구의 AI에 관심을 가졌으면 한다.

자본주의에는 말로 따지고 계산하는 합리성을 추구하는 신피질 자본주의와 공감하고 행동하는 감성적 변연계 자본주의가 있다. 변연계 안에는 공감을 느끼는 공감 신경세포인 거울뉴런 mirror neuron이 있기 때문이다. 변연계는 꿈과 감정의 제작소이자 행동의 중심지다.

변연계 자본주의 트렌드는 2002년 대니얼 카너먼의 노벨경제학상 수상 이후 행동주의 경영경제학의 핵심 연구과제가 되고 있다. 두뇌에서 신피질 Neo Cortex은 이해, 분석, 언어의 기능을 하는 반면, 변연계 Limbic Brain는 의미, 꿈, 감정, 신뢰, 충성심을 관리하는 기능을 한다. 거울뉴런이 활성화될수록 사람의 공감능력은 커진다. 변연계적 인간의 시대가 오고 있다. 신피질로서의 인간 기능은 인공지능에게 넘어

갈 수 있지만 변연계적 인간 기능은 불가능하다. 미래학자 존 나이스빗은 자신의 저서 《하이테크, 하이터치(High tech, high touch)》에서 기술이 중요해질수록 사람과 공감이 중요하다고 이야기했다. 또한 애덤 스미스는 자유시민사회에서 인간질서의 제1원리가 공감의 원리라고 강조했다.

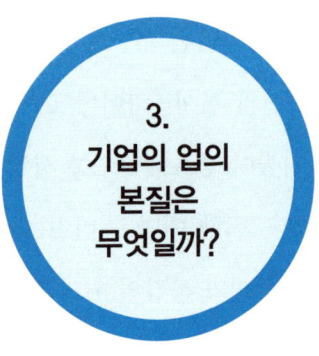

김기찬_ 가톨릭대 교수

(1) 꿈을 꾸는 기업가

미국 상무부의 통계를 보면, 매년 약 100만 명 이상이 창업하지만, 이중 10년 이상 생존할 확률은 단 4%에 불과하다. 창업기업 중 40%가 1년 안에, 5년 만에는 80% 이상이 문을 닫는다. 이렇게 살아남은 기업 중에서 80%가 그

다음 5년 안에 문을 닫는다. 창업기업 중 10년 이상 생존할 확률은 단 4%에 불과했다. 이 살아남은 4%의 기업들은 누구인가? 바로 끊임없이 꿈을 만들고 이를 실현시킨 기업가가 있는 기업들이다. 기술만 키운 회사가 아닌 꿈에 도전한 회사들이었다. 이들 기업에는 일을 집행하는 사람, 최고집행책임자 CEO가 아니라 꿈을 꾸는 기업가, 즉 CDO(Chief Dream Officer)가 있다.

이들은 제품을 만드는 기술자를 넘어, 시스템을 만드는 관리자를 넘어, 변화하는 시장을 불평하지 않고 기회로 만드는 기업가들이었다. 기업가는 제품보다 고객들의 욕구변화에서 기회를 발견한다. 이런 욕구변화에 따른 시장변화는 위협이 아니라 새로운 혁신기회가 된다.

결국 기업가들은 세상의 문제를 해결한다는 꿈을 꾸고, 기술과 관리를 섞어 신화를 만들었다. 이상은 실리콘밸리에서 성공하는 기업의 노하우를 찾아온 마이클 거버(Michael E. Gerber)의 《사업의 철학(The E-Myth Revisited)》에 나오는 이야기다.

(2) 기업의 목적은 지구에서 벌어지는 문제에 생산적인 해결책을 제시하는 것

    10년 이상 생존확률이 단 4%에 불과한 치열한 창업세계에서 살아남은 기업들은 기업가의 관점에 사업을 유지한 반면, 실패한 창업기업들은 '기술자의 관점'에서 사업을 바라보고 있었다. 기업이란 '기(企,기획할 기)+업(業, 일/행위)'의 복합어다. 그러니 기업가란 업을 기획하는 사람이다. '업'이란 인간의 삶에 중요한 의미를 가지는 일인 사명mission이나 사회를 위해 일해야 하는 소명calling을 말한다. 기업은 세상의 문제를 소명으로 알고 가장 효율적으로 풀어가기 위한 사명을 가진 존재다. 콜린 메이어 옥스퍼드 경영대학원 전 학장은 기업의 목적을 사람들과 지구에서 벌어지는 문제에 생산적인 해결책을 제시하는 것으로 정의했다.

    기업에서 '업'은 사람들을 통해서 미션과 비전을 완성해 가는 것이다. 그러므로 기업에서 중요한 것은 사업 자체가 아니라 사업을 하는 사람들이다. 기업에는 기업가, 관리자, 기술자가 있다. 여기서 기업가란 사회 문제를 해결하고 세상을 바꿔보고 싶은 꿈을 가진 사람들이다. 이 꿈을 위해 새로운 기술, 새로운 제품으로 혁신을 시도한다. 기업가들이 추구하는 사업에서 고객은 언제나 기회다. 고객은 언제나 새로운 욕구가 생겨나고, 기업가는 그 욕구를 찾아내기만 하면 성장의 기회가 됐다. 그러나 기술자들이 추구하는 사업에서 고객은 늘 골칫거리의 대상이었다. 고객은 기술자들이 엄청난 노력으로 만든 아이디어와 원가를 받아들일 준비가 돼 있지 않고 불평만 하기 때문이다.

기업가는 제품보다는 고객들의 요구에 초점을 두지만, 기술자는 고객보다는 제품 만들기에 초점을 둔다. 따라서 이때 제품은 고객을 위한 것이 아니라 기술자를 위한 것이어서, 제품 만들기에 사업을 집중하는 기술자들은 자신을 만족시키는 제품을 만들 수밖에 없었다. 이것이 생존에 성공한 기업과 실패한 기업을 나누는 기준이 됐다.

(3) 새로 고침을 눌러라

피터 드러커가 한 최고의 질문 중 첫 번째는 "What is our Mission(우리 회사의 업/미션은 무엇인가)?"이다. 미션이 있어야 비전이 생기고, 고객이 보이기 때문이다. 미션이 바로 업을 말한다. 업은 단순히 '일' 그 자체가 아니라 세상과 고객에게 주어진 해결해야 할 과제들이다. 업이란 하늘에서 내려준 일이라는 의미의 라틴어 mitto에서 파생된 mission(사명)을 뜻한다.

기업의 미션은 고객과의 약속이다. 기업의 마케팅은 이 한 문장에서 시작해야 한다.

Hit Refresh(새로 고침을 눌러라)!
세상의 변화에 따라 사명(업)을 업데이트하라.

피터 드러커는 5~6년에 한 번씩 미션을 0점에 놓고, 업의 본질을 고민해봐야 한다고 제안했다. 특히 전환기일수록 고객과 사회의 요구는 달라진다. 미션은 고객과 사회와 관련해 정의돼야만 방향이 명확해진다. 미션 재정의로 새로 부활한 회사의 대표적인 예가 마이크로소프트다.

빌 게이츠 시대의 마이크로소프트의 미션이 '모든 가정과 책상에 컴퓨터두기(a computer on every desk and in every home)'이었다면, 사티아 나델라 시대의 미션은 '다른 사람에게 권한을 위양하기(Empowering others)'다. 오늘날 미션은 '지구상의 모든 사람과 모든 조직이 더 많은 것을 달성할 수 있도록 권한을 위양해주는 것(to empower every person and every organization on the planet to achieve more)'이다.

조직의 미션이 바뀐 결과, 관료화되고 부서간 경쟁과 갈등이 심각했던 마이크로소프트의 조직원들은 '공감'을 통해 사람과 사람, 사람과 기술을 연결해 협력과 시너지를 만들어내고 있다.

기업에서 직원들에 대해 갖는 생각도 달라져야 한다. '모든 것을 아는 사람'에서 '모든 것을 배워야 하는 사람'으로 바뀌어야 한다. 폐쇄적이고 권위적이었던 마이크로소프트의 문화가 바뀌고, 협력과 연결을 통해 클라우드 서비스 기업으로 고객의 사랑을 다시 받기 시작했다.

우리 기술은 디지털시대와 그린시대의 문제를 해결하려는 미션을 해결하고 있는 것일까? 업의 본질이란 '고객이 우리 기술과 제품을 사야 할 이유'를 주는 것이다. 즉 고객들에게 '왜 이 제품을 사야 하는가?'에 대한 답을 주는 것이다. 여러분의 회사는 이 질문에 10점 만점에 몇 점을 줄 수 있는가? 이것이 '업의 개념과 본질'을 탐구하는 과정이다. 고객의 욕구는 끊임없이 변화한다. 고객의 변화를 불평하지 말고 기술혁신의 기회로 만들어가야 한다. 변화에 대한 개선 노력이 없으면 어떤 사업도 성공할 수 없다.

업의 본질이 잘 정의되고, 그 본질에 충실할수록 고객이 느끼는 제품의 가치는 더 커진다. 삼성의 이건희 전 회장은 건어물 장수에서 생선장수로 바꿔 삼성전자와 반도체의 도약을 이끌었다. 생선은 싱싱한 생물일 때 가치가 있는 것처럼, 전자 제품 재고는 곧 비용이 된다고 본 것이다. 시간이 지날수록 생선은 부패하는 것처럼 재고는 곧 가치 급락을 의미한다. 이러한 업의 본질에 대한 정의가 오늘날 세계적인 삼성전자의 혁신경쟁력을 만들었다.

우리 회사의 업은 무엇인가? 우리가 열심히 노력하고 있는 우리 회사의 일과 행동에도 이유가 있어야 한다. 미션은 행동의 이유이자, 기업 존재의 이유이자 목적이다. 이

미션이 달성될 때 기업은 존재할 수 있게 된다. 만약 자동차 산업 기업들이라면 왜 이 사업을 해야 하는가? 이 사업이 미래의 고객들이 원하고 있는 것일까? 탄소경제가 저물고 있는 이 시점에서 기존 미션을 0점으로 놓고 고민해 봐야 할 시점이다.

자동차 산업의 미션과 업의 본질이 100년 만에 달라지고 있다. 지금까지 자동차 산업의 업의 본질은 생산과 공급이었다. 이렇게 공급된 전 세계 10억여 만 대의 자동차 중 오직 4%만 지금 이 시간에 활용되고 있다. 자동차가 이동을 위해 가장 편리한 수단이기도 하지만, 대부분의 자동차는 비싼 주차장에 머물고 있고, 교통체증과 과도한 주차장 비용, 지구 온난화의 원인 제공자라는 비판을 받고 있다. 이제 자동차는 소유하기보다 공유를 하며 필요한 시점에, 필요한 이동수단을 제공하는 우버 같은 플랫폼서비스가 폭발적으로 증가하고 있다. 결국 자동차는 소유이 대상이 아니라 이동서비스의 수단 중 하나가 돼야 하고, 소유경제는 공유경제로 바뀌고 있다.

더이상 자동차만 제조해서는 고객의 환호를 받던 시대

가 아니다. 자동차 기업들은 싸게 만들어 공급할 것인가보다 어떤 방법으로 사람들에게 더 유용한 이동서비스를 제공할 것인가가 기업의 미션이 되고 있다. 이것이 자동차산업의 모빌리티화다. 자동차 회사들의 업의 본질은 자동차 제조와 판매회사가 아니라 이동서비스회사가 돼야 한다. 요약하면 자동차산업 업의 본질이 모빌리티서비스화, 즉 'MaaS Mobility-as-a-Service'이다.

현대자동차뿐만 아니라 포드, 도요타자동차도 이제 자동차를 제조하는 회사가 아니라 모빌리티기업 mobility company 으로 전환을 선언하고 있다. 이를 실현하기 위해 자동차회사들이 자율주행, AI, 로봇 그리고 소프트웨어 개발에 사업을 확장하고 있다. 만일 완전 자율주행 자동차가 개발될 수만 있다면 24시간 내내 활용이 가능하므로 효율성은 급증할 것이다. 이동서비스의 변화는 우리의 일상생활을 바꾸어 놓을 것이다. 하루 1시간 이상 출퇴근 시간을 소요하는 현대인들에게 자율주행 MaaS는 자신을 위해 활용하는 즐거운 체험의 시간과 공간이 되도록 할 것이다.

(4) 기업가들이여, 지속적으로 미래비전을 공유하라

기업가는 업에 대한 그림을 그리는 사람이다. 일의 기획이란 미래에 대한 이미지image와 비전을 상상하는 것이고, 이 상상을 해결해보자 하는 꿈을 꾸는 것이다. 이것이 지속적으로 비전 공유하기envisioning이다. 인비저닝은 'én(안에)+비전(vision)'의 복합어이다. '지속적으로 비전 공유하기란 기업의 미래비전이 사람들의 마음속에 들어오도록(en) 지속적으로 소통하고 영감을 주는 것이다. 조직 구성원들이 조직의 미래비전을 공유하고 마음속으로 받아들일 때 사람들은 자발적으로 움직이기 시작한다. 창업기업이 오랫동안 살아남기 위해서는 지속적으로 비전 공유하기가 필요하다. 성공한 기업가는 한 번 꿈꾸는 사람이 아니라 꿈과 비전을 지속적으로 조직에 내면화하고 공유하는 사람이다.

피터 드러커는 모든 비즈니스는 반드시 위대한 미션으로부디 출발해야 한다고 강조했다. 기업가는 잔기술보다 세상을 바꿀 거대한 전환의 목표로서 큰 꿈인 거대전환목표Massive Transformative Purpose에 도전하고 있어야 한다. 그래야 작은 기술혁신에 만족하지 않고 끊임없이 새로운 기술에 도전하는 혁신하는 조직을 만들어갈 수 있다.

4. 마케팅의 핵심은 사람이다

김기찬_ 가톨릭대 교수

(1) 마케팅은 시장을 평화적으로 점령하는 가장 효율적인 무기다

기업은 고객에게 이기려고 하지 말아야 하다. 고객의 지갑을 여는 얕고 좁은 마케팅에서, 고객의 마음을 여는 크고 깊은 마케팅을 실천하는 것이 필요하다. 또한 제품을 팔기보다는 제품을 사용하면서 자부심을 가지도록 노력해야 한다. 그러면 브랜드 가치는 저절로 커진다. 그렇게 될 때 우리의 고객이 바로 영업부장이 된다.

지구에서 가장 무거운 것이 무엇일까? 바로 지구 그 자체다. 아르키메데스는 이 무거운 지구도 지렛대와 지렛목을 놓을 자리만 있다면 움직일 수 있다고 했다. 어렵게 보이는 마케팅도 무엇을 지렛대와 지렛목으로 쓸 것인가에 따라 다르게 보일 수 있다. 이는 바로 마케팅적 사고와 철학에 투철한 사람이 중요하다는 의미다.

성공한 마케팅을 위해서는 '제품을 최고로 만드는 것'을 넘어 '기업 임직원을 최고로 만드는 것'에 먼저 성공해야 한다. 도요타 자동차가 '물건 만들기'보다 '사람 만들기'를 강조하는 것도 이런 이유에서다. 전사적 마케팅은 '제품 최고'의 시대에서 '사람 최고'의 시대로 넘어가고 있다. 이를 위해서는 우리가 가진 마케팅에 대한 편견을 없애야 한다.

자신의 내부 구조를 변화시키려 하지 않고 자연을 뜯어 고치려는 개체는 모두 도태되고, 자신의 내부 구조를 변화시켜 자연에 적응하려는 개체는 자연에 의해 선택되어 살아남는다. 이것이 다윈의 자연선택이론이다. 성공한 기업이 되려면 우선 세상을 보는 방법을 바꿔야 한다. 즉 마케팅 구성원들의 패러다임을 바꾸고 다음과 같은 마케팅 조직 과제를 해결해 나가야 한다.

첫째, 기업 부서 간 협력 없이 마케팅 성공은 어렵다.

제품 가치의 생산 주체는 연구개발과 공장이며, 서비스 가치의 생산 주체는 영업현장과 AS센터이고, 체험 가치의 생산 주체는 마케팅 전략과 경영기획 부문이다. 마케팅 성공은 일방의 조직에 의해서 이루어질 수 없다. 모든 부문이 서로 협력해야 한다. 개미를 3등분하면, 답은 '죽, 는, 다'라는 우스갯소리가 있다. 머리, 가슴, 배로 나누는 순간 죽어버리기 때문이다. 조직 간 장벽이 두터운 부서 이기주의 현상을 사일로 효과 Organizational Silos Effect라고 한다. 이는 핵 공격으로부터 자기 조직을 방호할 목적으로 만든 군사시설처럼 조직 간 교류와 정보 전달이 단절되어 기업이니 고객보다는 자기 부서의 이해에만 관심을 가지는 현상이다. 피터 드러커는 모든 경영관리의 문제점 중 60% 이상은 커뮤니케이션이 잘 이루어지지 않아 생기는 문제라고 지적했

다. 기업 내 사일로 효과가 없어져야 고객 최우선 경영이 이루어질 수 있고 위대한 회사로 발전할 수 있다

둘째, 영업 부문과 서비스 부문의 변신이 필요하다.

이제는 물건을 파는 것이 아니라 긍지를 가지고 사용하게 만들어 주어야 한다. 프리미엄 제품을 강조할수록 서비스 부문의 역할은 더욱 중요해진다. 도요타가 최고급 차인 렉서스를 개발하면서 이에 맞는 영업방식의 최고급화도 동시에 시도했다. 영업 딜러 방식의 획기적인 개선을 꾀한 것이다. 부티크형 영업이 새로운 도요타 영업의 시작이 되었다. 그에 비해 닛산의 인피니티는 기존의 슈퍼마켓형으로 판매했다. 그 결과 인피니티는 마케팅에서의 열세로 초기에 실패하고 말았다. 'selling'은 이미 만들어진 물건을 파는 것이고, 'marketing'은 팔리게 하는 것이고, 'branding'은 자부심을 가지고 제품을 사용하게 하는 것이다.

셋째, 연구 개발자는 늘 고객의 편에서 제품 콘셉트를 설계해야 한다.

마케팅은 광고를 바꾸는 것이 아니라 제품을 바꾸는

것이다. 제품이 뛰어나야 고객들은 눈길을 준다. 이를 위해 영업과 서비스는 고객의 새로운 욕구 정보를 수집하는 안테나숍이 되어야 한다. 그것이 바로 상품을 보는 사람인 연구개발 부서와 시장을 보는 사람인 마케팅 부서의 협력이 중요한 이유다. 결국 마케팅은 경영의 도구가 아니라 기업의 철학이 되어야 한다. 기업은 '사람 비즈니스'다. 경영은 사람이 한다. 사람이 기업을 만들고 기업이 사람을 만드는 선순환이 작동하는 회사가 좋은 회사가 된다.

특히 마케팅이야말로 사람이 핵심이다. 공장에는 기계가 있지만 마케팅 현장에는 사람밖에 없다. 그러므로 이들 생각이 바뀌어야 한다. '평범한 직업은 없다. 평범하게 일하고 있을 뿐이다.'

로자베스 모스 캔터 하버드대학 교수는 성공하는 기업의 비결은 첫째도 사람, 둘재도 사람, 셋째도 사람이라고 했다. 성공하는 마케팅 철학의 중심에는 사람이 있다.

2장 공감 경영의 사례

· · ·

공감을 하려면 상대를 알기 전에 우선 나를 아는 게 중요하다. 나를 알고 상대를 안다면 백 번의 싸움에 직면해도 위험에 처하지 아니한다(知彼知己百戰不殆)는 말이 있다. 모든 것은 나를 아는 데서부터 시작한다.

1. 소통과 공감을 통한 경영

팽경인_ 그룹세브코리아 대표이사

(1) 한국 소비자들의 마음을 사로잡은 테팔

그룹세브^{Groupe SEB}는 1857년 프랑스에서 설립된 세계적인 주방용품 및 소형 가전제품의 선두업체다. 혁신적인 제품 개발과 서비스를 통해 전 세계 소비자들의 일상생활을 보다 편리하고 풍요롭게 만드는 것을 사명으로 삼고 있다.

그룹세브는 1997년 8월 국내에 그룹세브코리아를 설립했다. 그룹세브코리아는 테팔Tefal을 대표 브랜드로 두고 있으며, 2016년 그룹세브가 인수한 프리미엄 독일 주방용품 브랜드 WMF와 실리트Silit를 2019년 국내에 런칭했다.

테팔은 현재 국내 주방용품 브랜드 인지도 1위, 브랜드 선호도 1위 등 명실공히 국내 최고 주방용품 브랜드로 자리 잡았다. 소형가전 분야에서는 주전자, 다리미, 믹서기에서 시장점유율 1위를, 그릴, 토스터, 커피메이커 등에서는 선두그룹을 차지하고 있으며, 청소기, 헤어드라이기 등으로까지 제품군을 넓히며 종합생활 가정용품 브랜드로서 입지를 넓혀가고 있다.

이처럼 테팔이 한국 소비자들의 마음을 사로잡을 수 있던 비결에는 모든 이해관계자와 소통하고 공감하며 총체적이고 철저한 현지화 마케팅을 실현해왔기 때문이다. 현지화는 단지 국내 소비자들의 니즈를 충족시켜 주는 제품 개발에 국한된 것은 아니다. 소비자 및 유통고객과의 소통, 유통 채널, 가격 정책, 품질 및 A/S 서비스, 인사 및 조직문화, 프로세스 및 시스템, 사회적 책임에 이르기까지 총체적으로 현지화가 이뤄질 때 비로소 소비자가 쓰고 싶은 브랜드, 사랑받는 브랜드가 될 수 있다.

회사의 대표인 내가 마음에 새기는 말은 '성공하는 사람은 주인중심, 실패하는 사람은 자기중심'이다. 직원, 소비자, 유통고객, 주주, 지역사회를 주인이자 중심 고객으로 여기고, 이들에게 유익한 가치를 제공할 때 비즈니스 성과는 따라오게 마련이다. 마틴 루터는 이렇게 말했다.

"타고난 재능, 지식, 많은 학식, 이런 것들은 성공을 보장해주지 않는다. 대신, 남이 원하는 것을 포착하는 감각과 그것을 주려는 의지가 필요하다. 원하는 것을 찾아 최선을 다해 그것을 충족시켜 준다면 그러한 배려를 고맙게 생각하지 않을 사람이 어디 있겠는가?"

직원, 소비자, 유통고객, 주주, 지역사회가 원하는 것이 무엇인지 파악하고 이를 충족시켜 이들에게 유익한 가치를 제공하려면 어떻게 해야 할까? 우선 이들에게 묻고 경청해 니즈를 파악해야 한다. 파악한 니즈에 대한 솔루션을 만들어내고 제공하는 과정에서도 소통을 해야 한다. 그래야 궁극적으로 만족도를 극대화하며 성과를 낼 수 있다.

탁월한 성과를 내기 위해 중요한 것은 혼자 모든 걸 해

내려 하지 않는 것이다. 'Ask for Help', 즉 협력이 필요한 사람들을 파악해서 이들의 도움을 구해 함께 이루어야 한다. 절대 일방적인 필요나 유익이 아니라 상호간에 유익이 되어야 한다.

(2) 협력하는 조직문화

회사가 최고의 성과를 올리려면 직원들이 회사의 비전을 개인의 비전과 일치시키고 이를 달성하기 위해 자발적으로 하나의 방향으로 몰입해 나가는 것이 중요하다. 그래야 일하는 직원이 행복하다. 직원이 행복해야 회사도 좋은 성과를 낼 수 있다. 이를 위해 'FFS$^{\text{Fun and Fighting Spirit}}$'팀을 만들어 임직원들의 목소리에 귀 기울이고 소통하는 다양한 프로그램들을 운영하고 있다.

FFS팀은 매년 직원들의 투표를 통해 각 부서에서 차장급 이하로 1명씩 대표를 선발해 구성한다. FFS팀의 주요 미션은 두 가지다. 하나는 직원들과 경영진 간에 소통의 가교역할로, 회사에 관한 의견이나 건의사항을 팀원들로부터 취합해 분기별로 경영진과 만나 협의한다. 다른 하나는 직원들이 참여하는 회사의 행사들을 주관하는 일이다. 1년 예산을 세워, 직원들의 팀워크를 도모하고 함께 즐길 수 있는 행사들을 기획하고 진행하는데, 이때 직원들의 요구사항을 반영해 행사를 기획하는 만큼 몰입도와 만족도가 높을 수밖에 없다. 행사의 가장 하이라이트는 회사의 연간 매출 목표를 달성했을 때 전 직원이 함께 하는 'Company trip 해외워크샵'이다. 해외로 떠나 며칠을 같이 보내며 추억을 만드는 것은 물론, 이를 통해 각 부서 간에 서로 더욱 친밀해지고, 목표달성을 향한 동기부여가 저절로 이루어진다. 임직원 사이에 소통의 가교역할과 직원 참여행사를 주관하며 FFS는 즐겁고 활발하게 협력하는 조직문화 육성에 큰 역할을 톡톡히 하고 있다. FFS 역할이 업무 외에 주어지다 보니 다소 부담되기는 하지만, 직원들을 대표해 경영진과 대화하고, 직원들을 위한 활동을 기획하고 진행하면서 애사심과 리더십이 고양된다. 또 부서별로 선발된 FFS 멤버들과 맺은 유대관계는 임기가 끝난 후에도 유지돼 부서 간 업무협조가 더욱 수월해진다.

연초에는 전 직원이 함께 하는 '인포메이션 미팅^{Information}

Meeting'이 열린다. 이때는 각 부서의 경영진과 매니저들이 그해의 목표와 이를 달성하기 위한 중점과제와 신제품을 소개한다. 한 해 동안의 모든 활동은 바로 이 중점과제를 중심으로 이뤄진다. 직원들 각자의 업무는 올해의 중점과제를 중심으로 추진된다. 이를 위해 중점과제를 인쇄해 직원들이 각자의 책상 앞에 붙여 두곤 했는데, 매일 출근해 상기할 수 있도록 컴퓨터 바탕화면에 깔아 달라는 직원의 제안이 FFS팀에 접수되었다. 이에 디자인에 재능 있는 직원이 중점과제를 그해의 상징동물 애니메이션과 함께 멋지게 구성한 바탕화면 디자인을 만들어 전 직원에게 제공했다. 덕분에 직원들은 매일 컴퓨터를 켤 때마다 그해의 중점과제를 보게 되었고, 이는 자연스럽게 업무를 한 방향으로 집중하는 데 도움이 되었다. 또한 매월 그 달에 생일을 맞은 직원들을 함께 축하하는 '월별 생일축하 모임'에서, 연초에 제시한 중점과제들의 진행상황 그리고 성과 및 어려움 등을 함께 공유하고, 회사나 개인적으로 축하하고 공유할 소식들을 나눈다.

상반기와 하반기 2번에 걸쳐 비슷한 직급이나 팀별로 직원들을 소그룹으로 나눠 대표와 점심식사를 함께 하는

'스킵 레벨 런치Skip level lunch'을 통해 직원들과 격의 없는 대화 시간을 가진다. 자유로운 대화는 친밀해지는 시간도 되고, 회사를 위한 유익한 아이디어를 얻기도 한다. 몇 년 전 스킵 레벨 런치에서 한 직원이 해마다 개최되는 회사 창립행사에 전 직원이 참여하는 바자회를 열어 그 수익금을 기부하면 어떻겠냐는 제안을 했고, 함께 식사하던 직원들이 모두 좋은 생각이라며 지지했다.

이에 연간 기부 협약을 맺은 초록우산 어린이재단과 협력해, 그해 창립기념행사로 전 직원이 참여하는 바자회를 실시했다. 제품 선정과 준비, 판매에 이르기까지 많은 노력이 필요했지만, 바자회가 성황리에 치뤄지면서 몇 시간 만에 모든 제품이 매진되는 걸 직원들이 직접 경험할 수 있었다. 이는 브랜드 파워를 현실로 실감할 수 있는 자리가 되었고, 회사에 대한 자부심으로 연결되었다. 수익금 전액을 불우아동에 기부해 회사 일을 하면서 동시에 지역사회에 유익한 공헌을 한다는 자긍심까지 얻을 수 있었다. 그 후 창립기념바자회는 우리 회사의 매우 중요한 연례행사가 되었다.

직원들이 적극적으로 회사에 참여해 의견을 제시하고

관계를 형성하는 데 가장 노력을 한다. 주방용 제품이 많은 특색을 살려, 회사에 제품을 전문적으로 테스트하고 요리 실연을 할 수 있는 쿠킹 스튜디오를 설치해 일석이조의 효과를 거두고 있다. 직원들의 피로를 풀어줄 수 있는 마사지 서비스와 안마의자, 매장과 같은 환경을 만들어 시뮬레이션 해볼 수 있는 POG룸, 짧은 시간에 미팅을 끝낼 수 있는 스탠딩 미팅룸 등등 직원들의 아이디어를 꼼꼼하게 챙겨두었다가 새 사무실로 이전할 때 구현하면서 직원들의 큰 호응을 얻었다.

여러 부서가 혼합된 팀을 구성해 회사에 제안사항을 내고 시상하는 '아이디어 오브 더 이어Idea of the year'는 다양한 의견에서 나오는 시너지를 효과는 물론이고 그 과정에서 서로 다른 부서 직원들이 더 친밀해지는 기회가 된다. 이때 나온 많은 아이디어는 직접 비즈니스에 반영되기도 한다. 한 번은 캠핑이 유행하기 시작할 때 캠핑용 주방용품을 만들면 좋겠다는 아이디어가 나왔다. 이 아이디어를 채택해 캠핑에 적절한 제품개발이 시작되었고, 기존에 손잡이를 탈부착해 수납과 이동에 용이한 매직핸즈의 특성을 살려 매직핸즈 캠핑세트가 탄생했다. 여러 부서가 모여 아이디어를 내기 위해 협의하는 과정에서는 매년 소소한 아이디어에서 비즈니스에 영향을 미치는 빅 아이디어까지 다양한 아이디어가 쏟아져 나온다. 물론 새로운 아이디어도 의미가 있지만, 서로 다른 다양한 시각에서 의견을 나누며 회사 발전을 위해 함께 고민하는 소중한 시간이라는 점도 의미가 크다.

마케팅과 영업부도 매월 '세일즈 & 마케팅 미팅'을 함께 한다. 이때는 매출, 신제품, 유통, 매장 행사, 광고/홍보 등 다양한 세일즈와 마케팅을 주제로 의견을 나누고 조율하는 시간을 갖는다. 이를 통해 마케팅에서는 영업부 의견을 통해 고객과 현장의 소리를 반영한 제품 및 광고를 개발할 수 있고, 영업부에서는 마케팅 전략을 잘 소화하고 현장 의견이 반영된 제품이어서 더욱 자신감 있게 판매할 수 있다. 마케팅팀과 영업팀의 협업은 실제로 그 진가를 발휘하기도 했다. 조리도구로 비즈니스를 확대하기 위해 조리도구 런칭 매장 디스플레이를 준비해오고 있던 차에, 한 유통고객이 자신의 프라이팬 매장을 30% 줄이고, 이 공간을 새로운 혁신을 나타낼 수 있는 제품으로 채웠으면 한다는 얘기를 들었다. 원래 계획대로라면 조리도구 런칭 매장 계획은 그보다 두 달 정도 뒤였지만 마케팅팀과 영업팀은 이런 절호의 기회를 놓치지 않기로 했다. 런칭 일정을 앞당겨 새로운 조리도구의 카테고리 디스플레이를 이 매장에서 진행하자는 의견이 긴급 제안되었고, 일정을 앞당길 수 있는 모든 방법이 긴밀하게 논의되었다. 마케팅팀과 영업팀은 고객 일정에 맞춰 조리도구를 카테고리 디스플레이로 런칭해 큰 성과를 거두었고, 이는 본사 미팅에서 우수사례로 발표되었다.

이런 협업관계는 직원과 회사와의 관계에만 국한되지 않는다. 직원들 개개인이 강사가 되어 각자가 가진 재능이나 특화된 전문성을 회사 동료들과 나누는 '런치 아카데미 Lunch Academy'가 있다. 점심시간을 활용한 것으로 엑셀, 비즈니스 영작문 등의 업무 스킬에서부터 와인, 미술사 등 교양 분야에 이르기까지 익힐 수 있도록 했다. 강의하는 직원은 본인의 역량을 동료들에게 드러내는 기회가 되고, 여러 부서가 함께 모여 강의를 들으며 부서 간 친밀감도 증대된다.

오랜 외국생활로 영어에 능통한 새내기 직원이 영어가

부족한 직원들을 위해 비즈니스 영작문 클래스를 열었는데, 강의 안내문이 나가자마자, 1시간 만에 정원이 마감되었다. 비즈니스 영작문 강의는 영어 호칭에서부터 효과적인 제목 달기, 상대의 호감을 불러일으킬 수 있는 시작 문구, 상대방을 효과적으로 설득하며 명확한 의사표현을 할 수 있는 유용한 표현들, 마무리 문구에 이르기까지 꼭 필요한 세심한 커리큘럼으로 준비되었다. 그 덕분에 참석한 직원들은 어디에서도 들을 수 없는 유익한 강의를 들을 수 있었고, 시간 낭비 없이 업무에 바로 적용할 수 있었다. 강의를 맡았던 새내기 사원은 졸지에 선배 직원들의 영어 선생님이 되어 쇄도하는 요청으로 다음 강의를 준비하고 있다.

새로 입사한 직원이 제대로 회사에 적응할 수 있도록 동일 부서나 타 부서 선배(직속상관 제외)중에 멘토를 선정해 처음 6개월 동안 '멘토링 프로그램Mentoring'을 진행한다. 멘토를 통해 업무적인 것뿐만 아니라 인간관계나 개인적인 문제 등을 상담하거나 도움 받을 수 있다. 멘토는 멘티가 겪는 어려움을 경청하고 공감하며 격려, 위안, 조언을 아끼지 않으며 든든한 지지지가 되어주고, 멘토 역시 젊은

멘티 세대의 생각과 사고방식을 접하며 자신을 돌아보고 새로운 에너지를 얻을 수 있다.

공통의 관심사와 취미를 가진 직원들이 자발적으로 모임을 만들어 진행하는 '취미 클럽'도 있다. 이렇게 두 부서 이상 모여 취미 클럽을 만들면 회사에서 지원하고 있으며, 독서모임, 스크린 골프모임, 슈팅게임, 수공예모임, 프랑스 문화모임, 와인 클럽 등 다양하게 운영된다. 꽃꽂이 모임이 있는 날은 리셉션 데스크부터 시작해 각자의 책상 위에는 한껏 실력을 뽐낸 꽃바구니들로 사무실에 풍성한 향기가 더해지기도 한다.

(3)직원들의 가족에까지 관심을 두다

직원들의 가족 역시 관심을 가져야 하는 분들이라고 생각해 매년 직원들의 가족들을 회사로 초대하는 '가족 초청 이벤트 Family day'를 연다. 이 행사에서는 요리, 꽃꽂이 등 함께 즐길 수 있는 다양한 프로그램이 진행되고 맛있는 식사가 제공된다. 이 시간을 통해 직원을 격려해주는 가족들에게 대표가 직접 감사를 표하는 자리이기도 하다. 업무공간을 소개하고, 동료 가족과 친분을 쌓을 수 있으며, 가족들에게는 직원의 회사생활을 이해하는 자리가 된다.

어느 해인가 한 직원이 자신의 초등학생 딸에게 사장인 나를 소개하는 자리였다. 나를 본 아이가 대뜸 "어, 왜 사장님이 여자예요?"라고 물었다. 이에 나는 "너도 커서 얼마든지 사장님이 될 수 있어."라고 응답했다. 사장실을 구경하던 아이들 중 한 아이가 의자 주변을 맴돌기에 한 번 앉아 보라고 권하고는 함께 사진을 찍었다. 그랬더니 사장 의자에 서로 앉아보겠다는 아이들이 줄을 서고 말았다. 아이들 한 명 한 명과 함께 차례로 사진을 찍었다. 아이들이 꿈을 꾸는 데 조금이나마 도움이 되었기를 바란다.

'집밥 데이'도 만들었다. 아무리 시대가 바뀌어도 집밥의 가치와 소중함은 변하지 않는다. 이를 더 활성화하려고 2010년부터 '테팔 집에서 밥 먹자(집밥)' 캠페인을 진행해 오고 있다. 가족이 집에서 함께 식사를 만들어 먹으면서 건강과 행복을 지켜나가자는 의미다. 소비자들을 대상으로 테팔 집밥 요리왕대회, 테팔 집밥식당, 테팔 쿠킹 클래스 등을 진행하고, 매월 셋째 주 금요일을 집밥 데이로 지정해 직원들이 2시간 일찍 퇴근해 가족과 함께 요리하고 식사하는 시간을 가지도록 지원하고 있다. 매월 직원들의 집밥 데이 사연을 공모해 전 직원이 공유하고, 집밥 요리왕을 선정해 상품을 증정한다.

(4) 한국법인의 고유한 복지제도와 조직문화

그룹세브코리아는 그룹의 5대 가치인 기업가정신, 혁신을 향한 열정, 전문성, 사람에 대한 존중, 팀워크를 일상생활에서 실천하기 위해 애쓰고 있다. 여기에 한국에 특화된 직원 복지 프로그램과 팀워크와 소통 강화 프로그램들을 통해 직원들의 회사에 대한 만족도와 업무 몰입도를 더욱 높이려고 노력하고 있다.

본사에 부임한 신임 부사장이 지속적으로 성장하는 한국 비즈니스의 성공 요인을 파악하고자 방한한 적이 있다. 그분이 한국 임직원들과 만난 후 매장을 둘러본 뒤, 한국 팀은 긍정적인 Positive 마인드를 갖고, 프로페셔널하게 열심히 헌신적으로 일하고 Hard working, 매우 빠르며 Speedy, 팀워크 Team work

가 뛰어난 것을 성공 요인으로 분석했다.

부서간 협업 자세는 인사평가와 승진심사의 주요 요소 중 하나로 작용한다. 승진 후보로 추천되면 모든 부서장이 그 후보의 부서 간 협력태도를 평가하고, 이를 부서장 전원이 동의해야 승진이 이뤄진다. 직원 개개인의 역량도 중요하지만 부서 간 협력이 원활하게 이뤄질 때 비로소 시너지가 발생해 탁월한 성과를 이룰 수 있기 때문이다.

이런 노력들은 직원들의 설문조사와 공적서 검토를 통해 기업문화 경영을 전반적으로 평가해 수여하는 'Great Place To Work 2018년 대한민국 일하기 좋은 100대 기업' 대상에 선정되는 결과를 가져왔다. 또한 직원들이 CEO에 대해 비전 제시, 경영 역량, 인재 발굴, 정보공유, 공정, 공평, 정의, 보상, 믿음, 윤리, 정직, 친밀감, 약속, 언행일치, 경청, 존중, 가족친화, 인정, 자율, 용서, 참여, 환경, 지원, 혜택 등 24개 가치를 기준으로 평가하는 CEO 신뢰지수로 선정하는 '한국에서 가장 존경받는 CEO' 상을 수상했으며, 인사팀장은 GPTW 혁신리더상을 수상했다.

(5) 일상 속의 양성 평등

그룹세브코리아의 대표적 장점 가운데 하나가 임원의 67%가 여성이고, 매니저의 48%가 여성인 기업, 채용과 승진에 있어 성차별 없이 능력에 따라 성장하고 인정받으며 재능을 펼칠 수 있는 사내 문화구축을 꼽을 수 있다. 이런 평등한 사내 분위기는 직원들이 누구나 자신들의 능력을 충분히 개발하고 발휘하게 한다. 이를 위해 일과 가정을 병행할 수 있도록 다양한 프로그램들로 뒷받침한다. 근무 시간을 선택할 수 있는 출퇴근 시차제, 자유로운 출산휴가 및 육아휴직, 자녀양육 코칭 프로그램, 자녀 학자금 지원 등을 운영하며, 생일 휴가, 결혼기념일 휴가, 이사 휴가 등을 통해 일과 생활 균형을 지원하고 있다.

이런 행보들을 인정받아 2020년 11월 26일 세계여성이사협회 창립 4주년 포럼에서 여성가족부 장관 표창을 수상했다. 이때 수상 이유가 '그룹세브코리아 최초 여성 대표로 선임된 후 여성 친화적 근무 환경을 조성하고, 양성평등 실현을 위해 다양한 프로그램을 펼쳐왔다'는 것도 흐뭇했다. 일과 가정의 양립을 위한 제도 등을 더욱 활성화하고, 워킹맘의 커리어 유지와 개발에 기여하고자 출산 휴가와 육아 휴직 등을 독려하고 있으며, 이로 인한 불이익을 없애려는 회사의 노력을 인정받은 듯해 더욱 뿌듯했다.

(6) 한국 소비자 니즈에 맞춘 제품과 소통

'혁신적인 제품 개발과 서비스를 통해 전 세계 소비자들의 일상생활을 보다 편리하고 풍요롭게 만든다.'

이런 그룹의 사명을 가장 효과적으로 수행해 비즈니스 성과를 이루기 위해서는 소비자들의 생활습관과 트렌드를 세밀하게 파악하고 그 결과를 바탕으로 소비자가 필요로 하는 제품을 적시에 출시하는 것이 필수다. 그래서 그룹세브코리아는 모든 활동의 중심에 '고객'을 두고 한국 소비자의 니즈를 끊임없이 연구하고 만족시키고자 노력했다. 소비자들이 쉽게 이해할 수 있는 언어와 표현으로 소통하고, 믿을 수 있는 사후 관리를 통해 세심한 부분까지 만족시키려고 했다.

한국 소비자들의 니즈를 철저히 분석해, 그룹이 보유

한 혁신적인 첨단 기술을 이용해 최적의 솔루션을 제공하려고 한다. 이때 중요한 것은 보이는 니즈뿐만 아니라 '숨은 니즈'를 찾아내는 것이다. 평소에는 불편한 줄 몰랐지만 테팔이 제공한 솔루션을 통해 일단 편리함을 경험하고 나면 '그동안 이 제품 없이 어떻게 살았지?' 하는 생각이 들도록 하는 것이다.

한국 법인 설립 후 3년 정도가 지나 테팔이 국내에 알려지기 시작했을 때쯤 소비자 조사를 했다. 당시 밥솥 시장에 진입하기 위해 주부들을 대상으로 소그룹 토의를 진행할 때였다. 테팔이 밥솥을 출시하면 어떻겠냐고 물었더니, 한 참석자가 테팔은 외국 브랜드인데 한국인을 위한 밥솥을 제대로 만들 수 있겠냐고 했다. 그러자 나머지 참석자들이 '테팔은 기능이나 디자인 면에서 늘 기존 제품들보다 한발 앞서는 제품을 내놓았으니, 철저히 연구해서 기존보다 더 나은 제품을 선보일 것'이라고 했다. 그때 '한국 소비자가 테팔에 믿음이 있고 기대하는바'라는 생각이 들었다. 그 후로도 국내 소비자들을 위한 제품을 개발할 때마다 그 기대에 부응해야 한다는 사명감을 늘 느낀다.

한국 소비자들은 제품군에 상관없이 '건강, 위생, 세척 편리성'을 가장 중요하게 여기므로 제품을 개발할 때 이 점을 최우선으로 둔다. 또한 품질과 기능에 대한 기준이 매우 높아서 한국 소비자의 눈높이를 맞추면 전 세계 소비자를 만족시킬 수 있어 본사 역시 한국을 중요한 테스트 시장으로 여기고 있다.

테팔이 프라이팬 분야에서는 압도적인 1위를 차지하고 있지만 냄비 시장에서는 그렇지 못했다. 그 이유를 분석하기 위해 한국 소비자들을 대상으로 소비자 조사를 실시했다. 조사 결과 냄비가 단지 요리를 위한 기능적인 면뿐만 아니라 나를 표현하는 정서적인 의미도 포함되어 있어야 한다는 점을 알게 되었다. 즉 아름다운 디자인에 마케팅 스토리가 그 역할을 하는 것이다. 소비자 입장에서 보니 매장 진열 방식도 눈에 들어왔다. 냄비를 구입하려는 소비자들은 용도에 맞는 것을 기준으로 고르는데, 매장은 제조자의 입장에서 편하게 볼 수 있는 편수 18cm, 양수 20cm 식으로 표기해 판매하고 있었다. 여기에 한국 음식이 국이나 찌개라도 볶다가 끓이는 경우가 많아 코팅 냄비를 선호하는 것도 알게 되었으며, 국물이 끓어 넘치는 점이 불편하다는 점도 지적되었다. 코팅의 세계적 전문가인 테팔에게는 큰 기회였다.

 용도별로 냄비를 개발하기 위해 한국 셰프들과의 협업이 시작되었다. 한국인이 가장 많이 사용하는 뚝배기, 찌개, 국, 라면, 전골 등을 제품으로 선정하고, 제품명도 뚝배기, 찌개냄비, 국냄비, 라면냄비, 전골냄비로 정했다. 이어 용도별로 필요한 기능과 디자인을 셰프들과 협의했다.

 라면냄비의 경우 물 조절이 중요하므로 내부에 1인분, 2인분을 나타내는 눈금 표시를 하고, 뚜껑에 라면을 덜어 먹을 수 있도록 뚜껑 나사를 없애 접시모양으로 매끈하게 만들었다. 이때 국물은 살짝 담을 수 있도록 약간 오목하게 만들었다. 짜장라면을 끓일 때 편리하도록 냄비 양쪽에 홈을 내 국물을 따르기 쉽게 만들었으며, 뚜껑에 조리하는 동안 젓가락이나 조리도구를 얹어 둘 수 있는 골을 냈다. 뚝배기는 국물의 풍미를 극대화할 수 있도록 뚜껑 내부에 돌기를 넣어 아로마 기능을 발휘할 수 있게 했고, 손잡이에 분리형 실리콘 덮개를 끼워 조리 후 손쉽게 식탁으로 옮길 수 있도록 했다. 전골냄비는 끓이는 과정을 볼 수 있도록 뚜껑을 유리로 만들었다. 국물이 끓어 넘치는 것을 가장 불편해하는 소비자들을 위해 끓어 넘침 완화 기능도 구현했다.

이렇게 용도별로 최적의 기능을 갖춘 냄비들을 만들어 전문가가 아니어도 맛있는 요리를 편리하게 할 수 있도록 했다. 소비자와의 소통과 공감을 통해 편리한 솔루션을 제공한 점을 인정받아, 한국형 냄비 고메 시리즈는 세계적인 디자인 어워드인 독일 IF 디자인상을 수상했다.

(7) 한국 소비자 니즈를 구현해낸 테팔의 제품들

또 다른 대표적인 제품으로 한국형 전기그릴이 있다. 이 제품은 고기를 구울 때 나온 기름이 코팅 구이판 아래 물이 담긴 기름받이 부분으로 빠지도록 설계되어 기름기를 쏙 빼고 냄새와 연기 없이 맛있는 바비큐이를 즐길 수 있다. 여기에 국내 소비자들의 필요에 맞게 삼겹살, 불고기, 전골까지 즐길 수 있도록 불고기 양념구이판과 전골 냄비를 추가하고, 각 파트를 분리되게 만들어 간편하게 세척할 수 있도록 설계했다. 또 고기를 빨리 구워 먹는 걸 좋아하는 니즈를 반영해 전력을 높이고, 식탁에 둘러앉아 구워 먹는 식습관에 적합하도록 안전장치를 강화했다. 그 결과 국내 전기그릴 시장점유율 1위를 차지할 수 있었다.

세척을 중시하는 한국 소비자들을 위해 블렌더의 칼날도 분리할 수 있게 만들었다. 또한 간편하게 사용할 수 있는 소용량의 미니믹서기 카테고리를 그룹 최초로 개발했으며, 건강과 위생을 중시하는 한국 소비자들의 니즈에 맞춰 미니믹서기 최초로 유리용기를 적용했다. 토스터에 적용된 먼지방지용 뚜껑, 커피메이커 필터를 분리 세척 가능한 영구필터로 만든 것 등등 한국 소비자들의 니즈를 반영해 개발된 제품들은 소비자들의 마음을 사로잡아 주방과 소형가전 제품 브랜드에서 국내 소비자 선호도 1위를 이어오고 있다.

한국 소비자들의 니즈를 파악하기 위해 시장 조사업체를 통해 조사를 하기도 하지만, 매장을 방문해 판매사원 및 소비자와 직접 대화를 나누는 것을 중요하게 생각한다. 이는 변화하는 시장 트렌드를 살펴볼 수 있고 소비자들을 이해하고 공감하는 중요한 과정이다.

몇 년 전 매장을 방문해 프라이팬 코너에서 쇼핑하는 고객들을 살펴본 적이 있다. 고객은 제품 패키지를 살펴보면서 "인덕션에도 사용할 수 있느냐?"고 물었다. 당시만 해도 인덕션레인지 보급률이 낮은 시기여서 인덕션용 프라이팬을 찾는 이유를 물어보았다. 고객은 부엌 인테리어를 바꾸려고 하는데, 가스레인지에서 여성에게 해로운 유해가스가 나온다고 해서 인덕션레인지로 바꾸려고 하기 때문이라고 말했다. 그 뒤 판매사원에게도 확인해보니 인덕션용 프라이팬을 찾는 고객이 많아진다는 답을 들었다. 당시 테팔에서도 인덕션용 프라이팬이 출시되기는 했지만, 건강을 중시하는 한국 소비자들의 특성상 인덕션용 프라이팬에 대한 니즈는 빠른 속도로 성장할 거란 판단이 들었다. 바로 마케팅팀과 본사와 협의해 인덕션용 프라이팬 개발에 박차를 가했고, 그 결과 정체되어 있던 프라이팬 시장에서 지속적인 성장을 이어갈 수 있었다. 이제는 다른 브랜드들도 이런 추세에 동참해 이제는 인덕션용이 아닌 프라이팬은 찾기가 어려워졌을 정도로 시장이 변해 있었다.

소비자와 직접 접하는 매장의 판매사원들과 대화하다 보면 우리 신제품에 대한 소비자 반응과 개선점을 전해들을 수 있다. 또한 경쟁 제품 트렌드와 이에 대한 소비자 의견은 물론이고, 소비자가 어떤 제품을 찾는지 등 다양한 정보를 전해준다. 이는 소비자 니즈에 맞춘 제품을 개발하는 데 큰 도움이 된다. 그래서 본사 마케팅팀이 한국을 찾으면 제일 먼저 하는 일이 매장을 직접 방문하는 것이다. 직접 눈으로 보면서 매장에서 의견을 나누다 보면 신제품 니즈에 대한 논의로 자연스럽게 이어진다. 그러고 보면 그동안 신제품 개발과 관련한 가장 중요한 비즈니스 결정은 거의 다 매장에서 나누는 대화를 통해 이뤄졌다고 해도 과언이 아니다. 소비자 니즈를 만족시키는 혁신적인 신제품의 개발과 출시는 지속적인 비즈니스 성장을 이루는 데 필수 요소다. 신제품에 대한 소비자 반응, 성과 리뷰 및 향후 개선방안에 대한 논의는 가장 필수적인 요소라 매월 임원 회의의 주요 주제가 된다.

소비자들에게 쉽게 다가가기 위해 광고 홍보 역시 한글을 기본으로 사용한다. 고객의 머리가 아닌 마음에 먼저 다가가려면 당연히 한글이 앞서기 때문이다. 그룹세브코리아에는 소비자 소통과 관련해 중요한 원칙이 하나 있다.

소비자 대상 표현에는 반드시 한글을 우선으로 써야 하며, 예외적으로 사용하는 경우는 OK처럼 영어가 한글보다 더 쉽게 이해되는 경우에 한해서 사용이 가능하다.

테팔 프라이팬 바닥에는 요리를 시작하기에 알맞은 온도가 되면 빨갛게 변해 건강하고 맛있는 요리를 만들도록 도와주는 혁신적인 기술인 열센서가 있다. 이 열센서의 원래 이름은 'Thermospot'이다. 그러나 한국 소비자들이 쉽게 알 수 있도록 '열센서 프라이팬'으로 한글 이름을 지었고, 이는 이제 국내 소비자들에게 혁신적인 테팔 프라이팬의 대명사가 되었다.

손잡이 탈부착이 가능한 프라이팬과 냄비의 원래 이름은 'Ingenio'이다. 조리 후 손잡이를 떼어내면 바로 식탁으로 옮겨 그대로 따뜻한 요리를 즐길 수 있고, 보관할 때도 손잡이를 떼어내면 좁은 공간에 수납이 가능한 이 제품의 이름은 '매직핸즈'가 되었다. 제품의 특성을 제대로 살린 '매직핸즈'라는 이름 덕분에 많은 소비자가 이 제품의 편리한 특징을 쉽게 이해하고 애용하게 되었다.

한 번은 바비큐 그릴에 대한 홍보기사를 홍보대행사에 요청한 적이 있다. 그랬더니 '외국 영화에서나 보던 멋진

바비큐 파티, 이제 우리 집에서도 즐겨 보자'라고 제안해 왔다. 이에 외국문화를 국내 소비자에게 이식하는 것이 아니라, 국내 소비자의 일상생활 속으로 들어가 테팔이 어떻게 한국 소비자의 불편한 점을 해결해주며 유익한 가치를 만들어내는 지에 초점을 맞춰 작성해 달라고 수정 요청을 했다. 그에 따라, 한국인이 즐겨 먹는 삼겹살구이를 기름기, 냄새, 연기 없이 가장 맛있고 편리하게 구워먹을 수 있는 삼겹살 그릴 이야기로 정리되었고, 홈쇼핑 최장수 그릴 제품으로 자리매김하게 되었다.

제품의 특징을 쉽게 이해할 수 있도록 패키지에도 한글을 넣었고, 전 세계에 동시 진행되는 광고 캠페인을 제외하고는 한국 모델을 기용해 국내 광고를 하고, 레시피북과 요리 실연에 한식 요리를 필수로 포함시킨다.

한국 브랜드들도 소비자 광고 홍보에 영어 표현을 쓰는데 글로벌 브랜드인 테팔이 왜 한글을 고집하느냐는 질문을 받고는 한다. 그 답은 간단하다. 소비자가 우리를 이해해주기를 바라지 말고 우리가 먼저 소비자에게 가장 익숙한 표현으로 다가가야 소비자의 마음을 얻을 수 있기 때문이다.

박명길_ 코칭경영원 파트너코치

(1) 2020 윤리경영 CEO 서약식

꼼파니아 학교 교장인 김기찬 교수의 사회로 2020년 5월 20일 '윤리경영 CEO 서약식'이 개최되었다. 우리나라의 윤리경영 서약식 행사는 올해로 17년째를 맞는다. 코로나 19 사태로 100여 명의 CEO가 일부는 오프라인으로, 그리고 일부는 온라인으로 참가해 윤리경영 실천을 다짐하는 자리였다.

　올해의 화두는 '이해관계자 경영'이었다. 김기찬 교수는 서두에 이렇게 어려운 상황일수록 서로에 대한 공감이 중요하다는 점을 강조했다. 초청 연사의 세계 경제의 불평등의 지속 증대에 대한 사례 역시 인상적이었다. 2020년 '옥스팜 레포트Oxfam Reports'에 따르면, 2016년에는 부자 62명이 세계 인구의 절반이 보유한 부와 같았으나, 2019년에는 부자 26명이 세계 인구의 절반(가난한 인구 약 37억 명)이 보유한 부와 같다고 한다. 미국도 빌 게이츠, 제프 베조스, 워렌 버핏 등 이 3명의 부가 가난한 절반의 인구가 보유한 부와 같다고 하니, 부의 불평등이 심각하게 확대되고 있다는 의미다. 2020 윤리경영 선언식을 보면서 기업의 CEO들이 어떻게 하면 이해관계자 경영을 잘 할 수 있을까 하는 생각을 정리해본다.

(2) 따뜻한 이해관계자 경영이란?

이해관계자 경영은 기업 경영에 있어서 주주 중심 경영이 아니라, 모든 이해관계자를 고려해 경영을 수행한다는 의미다. 더 명확히 표현하면 다양한 이해관계자가 기대하고 또한 감시하고 있기 때문에 이해관계자 중심의 기업 경영이 되지 않으면 기업이 존속할 수 없다는 문제의식에서 나온 개념이다.

한걸음 더 나아가 '따뜻한 이해관계자 경영'이란 이해관계자들의 감시 때문에 어쩔 수 없이 하는 경영이 아니라 이해관계자 모두의 마음에서 공감이 우러나올 수 있도록 기업이 더 적극적인 입장에서 책임과 의무를 다하는 것을 의미한다.

사회적 동향

전통적으로 경영학은 주주 중심적이었다. 그러나 주주를 위한 철저한 이윤 중심의 경영방식은 부의 불평등, 환경오염, 직원들의 기계화, 거래기업에 대한 갑질 문화 등

많은 부작용을 양산했다. 시대가 변하면서 점차 기업은 주주가 경영의 중심이 아니라 모든 이해관계자를 만족시켜야만 지속가능하다는 '이해관계자 경영'이 자리잡게 되었다.

2020 다보스포럼에서의 주요 주제 역시 '이해관계자 자본주의'였다. 다보스포럼은 성명에서 소득불평등, 사회분열, 기후변화 등 전 세계가 당면한 과제 해결을 위해 이해관계자 자본주의 확립이 필요하다고 하면서, '기업의 목적은 모든 이해관계자가 공유하는 지속적인 가치창출에 그들을 참여시키는 것'이라고 밝혔다.

이해관계자는 누구인가?

일반적으로 이해관계자Stakeholder란 기업에 대해 이해관계를 가진 사람이나 집단을 말한다. 1980년대 이해관계자 이론의 선구자인 에드워드 프리먼Edward Freeman은 이해관계자를 다음과 같이 정의했다. '어떤 특정한 회사의 활동에 의해서 이익을 얻거나 해를 입거나 또는 그 권리가 방해되거나 존경받거나 하는 그룹이나 개인을 가리키는데, 더욱 좁은 의미로는 그 회사의 존속과 성공에 불가결한 그룹을 의미한다.' 그러면서 그는 보편적인 이해관계자로 주주, 종업원, 고객, 공급자, 커뮤니티 그리고 경영자를 언급했다.

2000년대 들어 미야사카 준이치(宮坂純一) 교수는 프리먼의 구성 요소 외에 자연환경과 정부도 이해관계자에 포함되어야 한다고 자신의 저서인 《CEO의 바이블 스테이크홀더 경영》에서 주장했다. 라젠드라 시소디어(Rajendra Sisodia) 교수도 《위대한 기업을 넘어 사랑받는 기업으로》에서 소위 'SPICE'로 표현되는 사회(Society), 협력업체(Partner), 투자자(Investor), 고객(Customer), 직원(Employee)을 중요한 이해관계자로 표현했다.

시대와 기업환경에 따라 이해관계자는 달라질 수 있다. 오랫동안의 기업 활동 경험에 비춰봤을 때 주주(투자자), 종업원, 고객(소비자), 파트너사(공급사), 정부와 커뮤니티, 자연환경이 가장 중요한 이해관계자로 생각된다.

주주(투자자)

기업에서 주주의 권리는 막강하다. 배당금을 받을 권리, 이사를 선임하고 주주로서 발언할 권리, 재무 내용을 알 권리, 주요 정책 및 경영자의 보수를 결정할 권리 등이 있다. 자본주의 경제 하에서 주주에게 버림받은 기업이 존속할 수 없는 것은 자명한 일이다.

그럼에도 불구하고 기업의 CEO는 기업환경 변화의 추세가 주주 중심에서 이해관계자 중심으로 전환되고 있어, 주주도 이해관계자 중의 일부라는 인식을 가지도록 부단히 노력해야 한다. 프리먼의 말대로 모든 이해관계자가 대우받을 때 주주들 역시 가장 대우받을 수 있다는 점을 잘 이해시켜야 한다.

최근 우리는 주주에게 이익을 제공하기 위해 시행한 몇몇 기업의 정책이 사회적 윤리와 규범을 준수하지 않아 엄청난 낭패를 겪는 것을 쉽게 볼 수 있었다. 국내뿐만이 아니라 해외의 많은 이해관계자가 기업활동을 하나하나 감시하고 있다는 점을 한시도 잊어서는 안 된다.

종업원

기업경영에서 종업원은 가장 중요한 협력자이자 동반성장의 대상이다. 그러면서 한편으로는 가장 치열한 투쟁과 협상의 대상이기도 하다. 기업은 종업원에게 기업의 목표 달성을 위해 최선을 다하고, 윤리적이고 정직한 행동을 기대한다. 반면에 종업원은 기업에 공헌한 만큼 보답해주고, 인정과 존중 그리고 성장의 기회를 부여해주기를 기대한다.

이전에는 노동이 단지 돈을 버는 수단이었던 때가 있었다. 노동은 힘들었고 노동환경은 열악했다. 시대가 바뀌면서 근로조건은 개선되었으나 노동 자체는 여전히 반복적이고 힘이 든다. 직업만족도 역시 향상되지 않았다. 현대 사회의 종업원들은 일을 통해 급여나 복지수준 이상의 것을 찾고 있다. 인격 성장에 도움이 되는 일, 사회 요구를 만족시켜 주는 일 등 정신적으로 보상받는 일을 하고 싶어 한다.

일단 기업이 종업원들로부터 인정받게 되면 새로운 종업원을 모집할 때 더 우수한 인재를 골라 뽑을 수 있는 혜택을 누릴 수 있다. 종업원들의 낮은 이직률과 생산성은 서로 연관되어 있다. 낮은 이식률은 종입원들의 업무 숙련도를 높여서 더 높은 생산성으로 되돌아오기 때문이다. 이러한 활동을 할 수 있는 건 종업원들에게 더 나은 근로환경을 제공하는데 기여한 주주들의 덕분이기도 하므로, 주주와 종업원 간 선순환적 활동의 결과라고 봐야 한다.

　기업과 종업원 간의 관계를 공고히 하려면 상호간 권리와 의무를 명확히 하고 실천해야 한다. 기업은 종업원을 위해 모든 차별을 철폐하고, 성희롱 등 괴롭힘을 금지해야 하며, 개인의 프라이버시를 보호해야 한다. 종업원 역시 채용 계약에 따른 종업원으로서의 의무를 다하도록 해야 한다. 종업원은 상식과 기능으로 일하고, 필요한 정보를 제공하고 올바른 행동을 취할 의무가 있으며, 충성심과 기밀유지의 의무, 뇌물을 취하지 않을 의무와 회사의 이익을 고려할 의무 등을 다해야 한다.

고객(소비자)

　고객(소비자)에 대한 표현으로 두 가지가 있다. 하나는 '고객이 왕이다'라는 표현이다. 이것은 기업의 생존이 고객의 구매에 달려 있다는 의미다. 피터 드러커 역시 '비즈니스의 목적은 고객의 창조다'라고 함으로써 고객의 특별한 위치를 설명했다. 그러나 또 다른 표현으로 '소비자는 봉이다'라는 말이 있다. 소비자를 기업이 돈을 벌게 해주는 대상으로 생각한 표현이다. 소비자는 기업에 비해 상대적으로 약한 입장에 있기 때문에 법률로 지켜주지 않으면 잠재적 희생자일 수도 있다. 그래서 소비자들은 거대한 기업 권력에 대항해 소비자 운동을 전개하기도 한다.

이제 기업은 고객에 대한 인식을 완전히 바꾸어야 한다. 고객은 돈벌이의 대상이 아니라 진심으로 마음을 사로잡아야 할 대상이다. 기업은 기업에서 제공하는 상품의 기능이나 품질, 서비스에 만전을 기해야 한다. 그러나 고객의 마음을 사로잡기 위해서는 이것만으로는 부족하다. 고객이 안전할 권리, 선택할 권리, 필요한 정보를 받을 권리, 고객의 의견이 반영될 권리 그리고 지불한 돈에 적합한 가치를 누릴 권리 등 기본적인 권리를 만족시킬 수 있도록 해야 한다.

거래 파트너사(공급사)

일반적으로 거래 파트너사(공급사)는 항상 믿음을 주지 못하고, 없어도 되는 존재로 여겨져 왔다. 그러나 그런 시각은 안정적이고 경쟁력 있는 조달을 위해 바람직하지도 않고 지속 가능하지도 않다. 전 미국 연방준비제도 이사회 의

장인 앨런 그린스펀Alan Greenspan은 '내가 얻으려면 상대방도 얻는 것이 있어야 한다는 원칙을 엄격히 지키며 정직하게 거래해서 성공하는 것보다 더 큰 만족은 없다'고 말했다. 기업이 성공하기 위해서는 그린스펀의 지혜를 실천함으로써 기업과 공급사들 사이에 신뢰와 공감 그리고 팀워크가 형성되어야 한다. 예를 들어 경영자가 원가를 절감하기 위해 모든 물품을 공개경쟁을 통해 구매하는 것은 바람직하지 않다. 일시적으로 원가를 절감할 수 있을지는 모르지만 장기적으로는 필연적으로 품질이 떨어지고, 파트너십의 약화로 신기술신·제품의 도입이 지연됨에 따라 경쟁력이 떨어지기 때문이다.

기업 성과에 대한 기여도는 개별 역량이 25%, 파트너 역량이 75%라고 한다. 아무리 뛰어난 기업이라도 혼자서는 그 경쟁력을 오래 유지할 수 없다. 특히 요즘처럼 복잡하고 변화무쌍하며 예측이 곤란한 VUCA(변동성, 불확실성, 복잡성, 모호성을 뜻하는 Volatility, Uncertainty, Complexity, Ambiguity의 약자) 시대에는 개별 기업의 경쟁력보다는 한 기업을 둘러싼 서플라이 체인Supply Chain의 경쟁력이야말로 지속 가능 기업의 필수조건이다.

커뮤니티와 정부

커뮤니티는 기업의 궁극적인 이해당사자다. 그러므로 기업은 지역 사회의 발전을 위해 최선의 노력을 기울여야 한다. 직원들 역시 지역 사회를 위한 봉사활동에 적극 참여할 수 있도록 지원해야 한다. 그리고 지역 사회의 기업들 간 경쟁 여건을 만들어 경쟁력을 향상시키고 지속적으로 성장할 수 있도록 협력해야 한다.

정부의 역할과 영향력의 크기는 국가마다 다르다. 최근 들어 미국을 비롯한 대부분의 국가가 자국 중심주의 정책과 더불어 정부의 영향력을 확대하고 있다. 우리나라 역시 정부의 역할을 대폭 강화하고 있는 추세다. 이러한 환경 하에서 기업의 경영철학이나 정책방향이 정부와 사회의 기대에 부응하지 못하고 배치될 경우에는 기업의 생존 자체가 곤란한 경우도 있다.

자연환경

자연환경은 가장 무서운 이해관계자다. 자연환경은 우리 세대 삶의 터전이기도 하지만 미래세대를 위한 유산이기도 하다. 그러므로 기업은 항상 자연환경에 관심을 기울여야 한다. 최근 들어 자연환경에서 초래된 재앙적 현상은 점점 더 그 공포의 정도를 더해 가고 있다. 2019년 12월에 시작된 코로나19는 불과 1년만에 세계 220개국으로 확산되어 사망자가 2백만명을 초과하고 있고, 확진자는 1억명을 초과하고 있다. 하버드대학의 마크 립시치 교수는 코로나19가 전 세계 인구의 40~70%를 감염시킬 수도 있다고 경고하기도 했다. 코로나19는 단순히 의학적 문제에서 끝나지 않고 있다. 소통과 이동, 근무형태 등 모든 기업활동을 변화시켰고, 기업가치에도 엄청난 변화를 초래하고 있다.

중국 스촨성에서는 초대형 태풍과 홍수로 3천만명 이상의 이재민이 발생하였고, 미국의 콜로라도에서는 하루 사이에 기온이 영상 37도에서 영하 2도로 급강하하고 폭설까지 내리는 등의 기상이변이 일어나고 있다.

자연 재앙의 정도가 심해지는 이유는 여러 가지가 있겠지만 자연환경의 훼손과 기후변화의 영향 때문인 것으로 전문가들은 분석하고 있다. 자연환경의 훼손과 기후변화의 원인은 다양하고 복합적이다. 기업의 생산성과 기술의 발달로 사회가 풍요해지면서 대량 구입과 낭비가 발생하고 도시화와 인구집중현상으로 환경오염이 극대화되었다. 수익성과 편리성을 우선시하고 자연의 정화능력을 무시한 기업 활동은 공장폐수에 의한 수질오염, 유해물질의 불법 투기와 대기오염, 삼림 벌채와 토지의 황폐화 등 자연환경에 나쁜 영향을 주며 다양하게 행해지고 있다.

(3) 이해관계자 경영의 원칙

경영자 대부분은 주주 중심 경영에 익숙하다. 기업이나 경영자에게 미치는 주주의 영향력이 그만큼 크기 때문이다. 그러다 보니 많은 경영자가 생각하는 이해관계자 전략이란 주주 중심 경영을 위해 나머지 이해관계자들을 어떻게 전략적으로 활용할 것인가에 초점을 맞추고 있다.

그러나 이제는 올바른 이해관계자 경영을 위해서 다음과 같은 두 가지 원칙이 잘 실천되어야 한다는 것을 강조한다. 하나는 '등거리 원칙'이고 다른 하나는 '권리·의무 동등의 원칙'이다. '등거리 원칙'은 주주와 다른 이해관계자들을 똑같이 중요시하는 개념으로 진정한 이해관계자

경영의 시작이라고 할 수 있다. '권리·의무 동등의 원칙'은 이해관계자의 권리를 충분히 부여함과 동시에 이해관계자 역시 그에 상응하는 의무를 수행하도록 하는 것이다.

어떤 기업이 이해관계자 경영을 실행한다고 해서 그것으로 끝나는 것이 아니다. 이해관계자 경영 원칙의 핵심은 기업뿐만 아니라 이해관계자 모두가 각자 당사자 의식을 가지고 권리와 의무를 실천하게 함으로써 완성된다.

어떻게 이해관계자와 상생협력을 할 것인가?

기업에서 앞에서 언급한 다양한 이해관계자들과 함께 어떻게 상생협력을 할 것인가? 체계적인 이해관계자경영을 위해 '3R프로세스'를 소개한다.

〈이해관계자경영을 위한 3R 프로세스〉

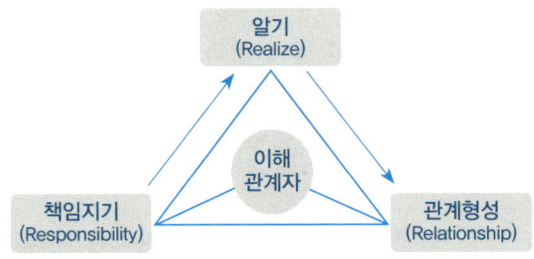

'3R프로세스'는 서로 알기^{Realization} – 관계 형성하기^{Relationship Building} – 서로 책임지기^{Responsibility}를 순서대로 진행하는 것을 의미한다. 지속적인 상생협력을 위해서는 한 사이클이 끝나면 바로 다음 사이클로 연결되어 순환시킴으로써 지속가능하고 더욱 발전된 상생협력 관계가 이루어질 수 있다.

① **서로 알기**^{Realization}: 우선 성공적인 상생협력을 위해서는 서로를 잘 알아야 한다. 상대방의 강점, 현재의 상태와 추구하는 목표와 전략, 서로 어떤 도움을 필요로 하는지 등을 상세히 파악을 하여야 한다. 가능하면 분석시스템을 활용하여 객관적인 자료를 활용한다.

② **관계 형성**^{Relationship Building}: 상대방에 대한 파악이 완료되면 그냥 조용히 상생협력 활동을 시작하는 것 보다는 약간의 공식적인 절차를 거치는 것이 효과적이다. CEO나 부문 책임자가 주관하는 자리에서 공식적인 협력관계를 수립하고 선포를 해야만 모든 사람들이 상생협력의 관계를 인식하고, 당사자 역시 파트너로서의 책임감을 갖게 된다.

③ **책임지기**^{Responsibility}: 상생협력의 관계가 구축되면 그때부터는 상호 책임을 져야 한다. 관련 정보를 공유하고, 상

호 경쟁력의 향상을 위해 노력하고, 어려움이 있을 때 서로 지원을 해야 한다. '책임'이란 단어는 세상에서 가장 숭고하고 소중한 단어이다. 그리고 따뜻한 이해관계자경영의 성공여부를 판가름하는 핵심요소이기도 하다. 기원전 8세기 때 쓰여진 대서사시 〈일리아드〉와 〈오딧세이〉가 지금까지 사랑을 받는 것도 가족에 대한 책임을 주제로 했기 때문이고, 생텍쥐페리의 〈어린 왕자〉가 세대를 넘어 베스트 셀러인 이유도 자기에게 익숙한 것에 대한 책임을 소중하게 여기기 때문이다.

(4) 포스코의 이해관계자 경영 사례

우리나라 역시 이제는 여러 기업에서 이해관계자 경영을 실천하고 있다. 그중 가장 선도적으로 그리고 지속적으로 이해관계자경영을 실천하면서 이해관계자들의 공감을 얻고 있는 포스코의 사례를 소개한다.

모범적인 파트너 경영

2000년 이전까지만 해도 포스코도 다른 여느 기업과 마찬가지로 핵심 고객사 중심으로 매년 고객 사은회 활동을 벌여왔다. 그러다 2000년대 초 PI(프로세스 혁신Process Innovation)가 완료됨에 따라 일일결산체계가 구축되고 모든 거래 활동의 데이터가 수집 가능하게 되었다. 기업의 지속가능경영을 위해서는 SCM Supply Chain Management 의 경쟁력 확보가 필수적이라는 인식하에 2004년 1월 이구택 포스코 회장의 주관으로 원료, 설비와 공사, 자재 등 구매조달 부문의 핵심 공급사를 한자리에 초대해 포상과 감사패를 수여하고 새해 운영 정책과 방침을 공유했다. 그리고 핵심 거래 파트너들에게 'PCP Posco Certified Partner 공급사'라는 칭호를 부여했다. 우리나라 기업 중 처음으로 SRM(공급사관계관리 Supplier Relation Management)체계를 정립하는 자리였다.

2005년부터 성과공유제도 Benefit Sharing 를 도입하여 포스코와 중소기업이 공동으로 추구한 혁신의 성과를 공유하고, 안정적인 거래 기반을 제공하고 있다. 그 이후 이 제도는 우리나라 대중소기업간 상생협력을 촉진하기 위해 만든 '대중소기업간 상생협력 촉진법'의 근간이 되기도 하였다.

2010년도에 들어 중국의 제조업체들이 최신 설비 도입과 더불어 경쟁력을 확보함으로써 한국의 기업들에게 위협의 대상이 되기 시작했을 때 포스코의 책임지는 모습은 인상적이었다. 우선 포스코는 핵심 공급사의 대표들과 함께 중국의 제조업체들이 어떻게 성장하고 있는지 생생히 볼 수 있도록 견학을 주선하였다. 불과 몇 년 전만 하더라도 공장 안에 먼지가 자욱하고 품질결함 때문에 우리의 경쟁이 안 될 것으로 여겨졌던 중국 기업들이 완전히 달라져 있었다. 한국의 기업보다 훨씬 대형화된 새로운 설비로 그들의 경쟁력을 자랑했다. 견학을 마치고 마무리 간담회의 분위기는 침울했다. D중공업 대표는 한숨을 쉬면서 앞으로 저들과 경쟁을 할 생각을 하니 눈앞이 캄캄하다고 했다.

다음해 포스코는 파트너사들과 함께 새로운 견학을 실시했다. 일본 토요타자동차의 파트너사들은 어떻게 경쟁력을 갖추는지 직접 현장을 둘러보고 생생하게 설명을 들었다. 토요타자동차의 주요 파트너사인 M공업 대표의 얘기가 인상적이었다.

"우리 회사에서는 핵심설비가 수명을 다하면 절대 그냥

버리지 않아요."

엔지니어로 하여금 그것을 분해하게 해서 쓸만한 부품으로 새롭게 조립하게 한다는 것이다. 못쓰는 설비 3개 정도를 분해하면 1개 정도의 쓸만한 설비를 만들 수 있다는 것이다. 그렇게 함으로써 원가절감의 훈련을 시킬 뿐만 아니라 설비에 대한 전문성을 확실히 높일 수 있다고 하였다. 베어링을 공급하는 N사 대표의 상생협력에 대한 얘기도 마음에 와 닿았다. 베어링의 수명과 성능은 그리스 오일의 품질에 절대적인 영향을 받는다. 그리고 N사에서도 수십 종의 그리스 오일에 대한 특허를 가지고 있다고 했다. 그러나 N사는 그리스 오일을 직접 만들려는 생각은 한 번도 해 본 적이 없다고 했다. 지금은 연구원들이 서로 상대 회사의 연구소를 오가면서 공동 연구를 하고 있는데, N사에서 그리스 오일을 직접 만드는 순간부터 현재의 파트너와는 경쟁사가 되어 서로 견제할 것이기 때문에 그것을 원하지 않는다고 했다.

그리고 그 다음해에는 세계적인 유럽의 강소기업들을 방문했다. 강소기업들의 얘기에는 공통점이 있었다.

"세계적인 명성을 얻기 위해서는 추구하고자 하는 기업

의 목적과 방향이 명확해야 하며, 그것을 이루기 위한 핵심 기술을 보유해야 합니다. 그리고 그 핵심기술을 지속적으로 업그레이드 시켜야 합니다."

유럽에서 마지막으로 방문한 곳은 우리에게 맥가이버 칼로 잘 알려진 제품을 만드는 스위스의 V사였다. V사의 세계 시장 점유율은 70%가 넘는다고 했다. 그들의 핵심 경쟁력은 '완벽한 품질관리'라고 했다.

"고객이 구입한 제품 1개는 우리회사에서 만든 수십만 개 중의 하나이지만, 고객의 입장에서는 전부이다. 우리는 그런 고객을 실망시키고 싶지 않다."

V사의 대표는 이렇게 말하면서 고객을 실망시키지 않기 위해 3단계(제작 전 검사 – 제작 후 검사 – 출하 전 검사) 품질검사를 철저히 실시한다고 했다. 설명을 듣고 있던 파트너사 대표들의 눈빛은 그 어느때보다도 반짝이고 있었다. 견학을 다 마치고 난 다음 파트너사 대표들의 얼굴은 더 이상 불안한 기색이 없었다. 이제는 무엇인가 새로운 길을 모색할 수 있을 것 같다는 자신감을 보였다.

그때 같이 참여한 기업의 대표들은 지금도 중국, 일본 그리고 유럽 등 세 차례에 걸친 견학이 정말 큰 도움이 되었다고 공공연히 이야기하고 있다.

그리고 중소기업의 혁신지원활동을 할 때에는 1차 거래기업뿐만 아니라 2차 거래기업까지 포함하였다. 작업환경과 공정개선 그리고 기술력 제고 등을 통한 경쟁력 향상을 위해 혁신전문직원과 임원 그리고 경우에 따라서는 포항공대와 포항산업과학연구원[RIST] 박사들까지 동참하였다.

2009년 세계적인 금융 위기로 거의 모든 기업이 거래대금의 지급시기를 늦추었으나 포스코는 달랐다. 대기업보다 여건이 나쁜 중소기업을 어렵게 만들 수 없다는 경영방침으로 최고 수준의 납품대금 지급 조건을 계속 유지했다.

자연환경 중시

포스코는 2009년부터 '클린오션봉사단'을 구성해 바다 생태 환경의 보전과 복원을 위해 활동하고 있다. 약 800명의 포스코 직원들과 가족들이 참여해 포항, 광양, 인천 등을 거점으로 수중 폐기물 수거와 불가사리 제거, 폐어선 인양 등 다양한 활동으로 자연환경을 위한 노력을 기울이고 있다. 최근에는 '트리톤'이라는 인공 어초를 개발해 울

릉도 앞바다에 바다 숲을 조성함으로써 어류의 서식처와 산란장 역할을 하게 해 훼손된 해양생태계를 회복하고 서식 생물 종의 다양화에도 도움을 주고 있다.

기업시민경영의 실천

포스코는 2018년 새로운 시대에 맞는 기업시민으로서의 사회적 역할을 다할 것을 다짐하면서 '기업시민경영'을 선포했다. 그리고 임직원들이 나아가야 할 방향과 기준을 제시하는 기업시민헌장과 기업실천가이드[CCMS]를 발표했다. 미래세대의 꿈을 키우기 위한 벤처 플랫폼의 구축, 힘들 때 돕는 친구가 진짜 친구라는 슬로건을 내건 임직원들의 봉사활동, 새로운 패러다임의 출산과 육아지원정책, 장애 예술인에 대한 지원, 혁신적 아이디어와 자본의 결합을 지원하는 아이디어 마켓플레이스 운영 등 모든 분야와 일상에서 기업시민을 실천하고 실질적인 성과를 내기 위해 노력하고 있다.

찰스 폼브런[Charles J. Fombrun]에 따르면 기업시민 활동은 기업이 단순한 경제성장의 엔진일 뿐만 아니라 사회적·정치적

통합의 중심에 위치하고 있는 것을 적극적으로 인정하는 개혁운동 안에서 생겨난 것이다. 시티즌십citizenship이란 사회의 한 구성원이라는 의미로 기업에 부여된 사회적 공헌활동의 책임을 의미한다. 폼브런은 기업시민을 구성하는 3개의 핵심 기둥으로 윤리적이어야 하고, 사회적으로 유익해야 하며, 기업의 장기적 가치를 향상시킬 수 있도록 이익이나 채산성이 좋아야 한다는 점을 강조한다. 포스코가 기업시민경영을 일시적 슬로건이 아니라 장기적인 문화로 정착해 나가기 위해서는 꼭 유념해야 할 사항들이기도 하다.

포스코 이해관계자 경영의 특징

포스코의 이해관계자 경영은 모든 이해관계자를 배려해 경영을 실천할 뿐만 아니라 독거노인 집짓기 운동 등 사회 기여 활동에 종업원과 거래 파트너 등 이해관계자들이 직접 동참하게 함으로써 이해관계자의 권리와 의무를 동시에 실천할 수 있는 문화를 만들고 있다. 그리고 우리 세대뿐만 아니라 미래세대의 생활 터전인 자연환경 생태계의 보전과 복원을 위해 노력하는 점이 특징적이다. 특히 이러한 활동을 2000년대 초반부터 현재까지 지속적으로 추진하고 있다는 점에서 칭찬할 만하다.

이해관계자 경영의 전문가인 라젠드라 시소디어 역시 포스코의 이해관계자 경영 사례와 현장을 둘러보고 아주 모범적이라고 극찬한 바 있다.

(5) 따뜻한 이해관계자경영을 위한 CEO의 역할

따뜻한 이해관계자 경영을 추구하려는 CEO라면 기업은 이해관계자들의 이해를 충족시키기 위해 경영 되어야 한다는 생각을 한시도 잊어서는 안 된다. 그리고 이해관계자들에 대한 책임과 의무를 다하지 못했을 때는 언제든 그들로부터 항의 받을 수 있다는 생각을 가져야 한다.

그런 의미에서 CEO는 다음의 5가지를 항상 염두에 두어야 한다.

첫째, 누가 이해관계자인가?

기업의 이해관계자는 시기와 상황에 따라 달라질 수가 있다. 누가 가장 중요한 이해관계지인지를 이해관계자 맵[map]

을 통해 항상 인식하고 상황의 변화가 있을 때는 그 변화 내용을 맵에 반영해야 한다.

둘째, 이해관계자의 이해가 무엇인가?

CEO는 일반적인 이해관계자의 이해와 이슈가 우리 기업에게도 그대로 적용되겠지 하고 단순하게 생각해서는 안 된다. 기업을 둘러싼 특징적인 이슈를 정확히 인식하고 짚어줘야 이해관계자들이 공감하게 된다.

셋째, 이해관계자는 기업에 어떤 기회를 제시하고 또 도전하고 있는가?

이해관계자가 기업에게 요구하는 사항은 어렵고 도전적일 수가 있다. 그러나 이해관계자 이슈는 확장성이 강하다. 잘했을 때든 못했을 때든 그 영향이 다른 이슈보다 크게 미친다. 그러므로 CEO는 이해관계자가 제시하는 도전이 기업에 어떤 기회를 가져올 수 있는지 잘 파악하고 대응해야 한다.

넷째, 이해관계자 지원 조직에 책임을 명확히 부여하고 있는가?

기업의 대부분은 이해관계자 경영을 일종의 유행처럼 생각하는 경우가 많다. 많은 CEO가 신년사나 언론에 '우리도 지금부터 이해관계자 경영을 하겠다'고 발표하고는 일회성 활동 정도에 그치는 경우가 대부분인 것이 그렇다. 진정성 있게 그리고 지속적으로 이해관계자 경영을 하려면 실제로 적합하게 조직을 만들고 정확한 역할과 책임을 부여해야 한다.

다섯째, 이해관계자와의 관계 및 네트워크 유지를 위해 노력하고 있는가?

이것은 CEO가 해야 하는 가장 중요한 역할이다. 이해관계자와의 관계를 더욱 돈독히 하고, 네트워크를 지속적으로 유지하기 위해서는 반드시 CEO가 직접 나서야 한다. 그 한 가지 사실만으로도 이해관계자들은 감동받을 수가 있기 때문이다.

지금은 코로나19로 인해 국내외 모든 환경이 단절되고 얼어붙은 상태다. 이럴수록 기업이 우리 사회를 따뜻하게 데우는 데 앞장서야 할 것이다.

참고자료

Evan W. and R. Freeman, "A Stakeholder Theory of Modern Corporation: Kantian Capitalism",1988 라젠드라 시소디어, 『위대한 기업을 넘어 사랑받는 기업으로』, 2008 미야사카 준이치 저, 김리우 역, 『CEO의 바이블 스테이크홀더 경영』, 2017 Fombrun, C J., "Three Pillars of Corporate Citizenship: Ethics, Social Benefit, Profitability", 1997

3. 고래도 잡는 공감 외교

임홍재 _ 전 베트남 대사

(1) 대면의 기능

모든 인간관계가 그렇지만 특히 사람을 다루는 외교에서 '만나는 것이 믿는 것이다 seeing is believing'는 불변의 진리다. 코로나19 이후 대표적 변화 중 하나는 비대면 현상이 확산된 것이다. '적자생존'이란 말처럼 이런 지각 변동의 새로운 현상에 신속히 적응해야 한다. 당연히 외교활동도 변할 것이다. 그럼에도 불구하고, 인간관계에서 대면은 여전히 중요하며, 특히 지면(知面)의 중요성이 강조되는 외교에서 대면은 여전히 중요하다. 최첨단 비대면 기술도 외교에서 대면의 기능을 대체할 수는 없다.

내가 이해하는 호모 엠파티쿠스는 상대의 입장에서 보는 것이다. 사회적 동물인 인간에게 상대를 안다는 것의 중요성은 아무리 강조해도 지나치지 않다. 상대의 진면목을 알려면 상대의 입장에서 볼 수 있어야 한다. 이런 점에서 '사람 중심 기업가정신'을 전파하는 꼼파니아학교에서 강조한 기업 활동에서 호모 엠파티쿠스의 중요성을 실감한다. '엠파티쿠스'라는 단어 자체가 '공감, 감정이입' 등을 뜻하는데, 이는 '상대의 눈과 마음으로 보는 것'이라고도 할 수 있다. 즉 입장을 바꾸어 생각해보라는 역지사지(易地思之)로도 표현할 수 있다. 애덤 스미스 역시 자신의 저서 《도덕감정론》에서 인간의 본성은 자기 이익뿐만 아니라 동정, 공감, 사랑, 사회적 인정에 대한 욕망으로 구성되어 있다고 말하면서 상대의 입장에서 보는 공감의 중요성을 강조했다.

(2) 관계에서 공감의 중요성

공감은 정치, 경제, 사회, 개인 등 인간관계의 모든 면에서 적용된다. 기업경영도 전략, 정책, 관행에서 투자자나 소비자 등 기업의 입장에서 상대라고 할 수 있는 모든 이해당사자의 입장에서 살펴봐야 성공할 수 있다. 기업의 명성은 자본이다. 이 명성은 이해당사자의 신뢰에 기반을 두며, 신뢰는 이해당사자가 기업에 주는 '사업허가증'으로 불린다. 빌 게이츠는 기업은 이해당사자를 포함해서 다른 사람들을 배려할 때 그 기업에 대한 사회의 '긍정적 인식positive recognition'이 형성되어, 결국 회사에 이익을 가져다준다고 말했다. 배려는 공감할 때 가능하다. 이런 접근 방법은 외교와 협상에서도 똑같이 적용될 수 있다.

하지만 상대의 입장에서 보기란 결코 쉽지 않다. 한 인간의 성격과 인식의 형성은 그가 자란 사회의 역사, 문화, 풍습 등은 물론이고 가정, 친구, 교육 등에도 영향을 받는다. 그렇기 때문에 사람의 마음은 마치 하나의 우주와 같아서 상대를 안다는 것은 불가능에 가깝다. 오죽하면 열 길 물속은 알아도 한 길 사람 속은 모른다는 말이 있겠는가!

외교 역시 사람을 설득하는 것이다 보니 공감이 핵심이다. 국가의 안위를 다루는 외교 활동은 주재하는 나라에서 우리나라를 대변하고, 이해관계 사항에 대해 교섭하고, 상대국의 정치, 경제, 사회, 문화 등 모든 분야에서 동향을 파악해야 한다. 그런데 이런 대부분 활동은 사실 사람을 다루는 일이다. 상대는 전혀 다른 인식과 문화적 배경을 가진 사람으로 나처럼 똑같이 단호한 결의와 지식을 갖춘 잘 훈련된 스마트한 사람이다. 이런 사람과 소통하고, 이 사람을 통해 정보를 수집하거나 정보의 진위를 확인하고 설득해서 내가 원하는 방향으로 움직이도록 영향력을 발휘하는 것이 외교다. 그야말로 쉽지 않다. 그럼에도 상대와 만나면 이런 힘든 일도 풀릴 수 있다.

인간의 행동과 사고를 연구하는 심리학은 아주 오래전부터 존재해왔다. 이런 심리학이 이제 인간의 모든 활동 분야에 확대되고 있는데, 로버트 저비스Robert Jervis는 심리학을 외교에 적용해 국가 간 인식과 오판의 사례를 분석하기도 했다.

(3) 공감은 잦은 만남에서 형성된다

외교관은 현지에 부임하면 방문, 연회, 취미, 공유 등 기회를 만들어 상대와 언제든 만날 수 있는 네트워크 구축에 온 힘을 쏟는다. 특히 대통령이건 총리건 주재국의 최고 통치자의 귀를 잡고 있는 사람과 긴밀한 관계 구축은 아무리 강조해도 지나치지 않을 것이다. 외교의 대부분은 네트워크 구축이라고 말할 수 있다. 대사는 긴급할 때 통화가 가능한 주재국 고위 인사들의 직통 전화번호를 반드시 확보해야 한다.

베트남에서 근무할 때 일이다. 아세안 10개국과 한중일의 대사들이 모인 연회에서 베트남 외무장관이 동석한 한 대사에게 어느 나라에서 왔느냐고 묻자 그의 얼굴이 하얗게 변하면서 매우 당황했다. 주재국 외무장관이 자기를 알아보지 못한다는 것은 외교를 책임진 대사에게는 치명적이기 때문이다.

외교관에게 요구되는 자질에는 공감 능력이 핵심이다. 물론 사전에 상대 정부의 정책, 전략 등을 파악하는 것은 당연하다. 외교 현장은 말로 하는 전쟁터와 같다. 전쟁터의 장수처럼 상대 정부가 내보낸 선수를 상대하려면 즉석에서 대응할 수 있는 능력이 무엇보다도 중요하다.

우리나라와 주재국과의 관계를 안정적으로 관리하는 책무를 맡은 외교관에게 요구되는 자질에는 여러 가지가 있다. 특히 지식, 판단 및 대처 능력, 인내력 등 자질과 함께 상대에 대해 청취, 이해, 설득, 신뢰 능력이 요구된다. 외교는 상대가 있는 양방통행이므로 외교관에게 요구되는 자질 중 하나가 상대의 입장에서 볼 수 있는 능력이다. 사실 이 능력이 가장 중요한 자질이다. 주재국과의 협상에서 상대의 입장에서 볼 수 있으면 상대가 제시하는 어떤 제안에도 대안을 제시해 토론과 협상을 주도할 수 있다. 이 과정에서 상대를 압박하는 전술을 쓸지, 상대를 설득하는 전술을 쓸지, 상대를 아예 좌절시키는 전술을 쓸지, 아니면 타결을 위한 전술을 쓸지 매순간 필요한 전술을 즉시 이용할 수 있다.

공감을 하려면 상대를 알기 전에 우선 나를 아는 게 중요하다. 나를 알고 상대를 안다면 백 번의 싸움에 직면해도 위험에 처하지 아니한다(知彼知己百戰不殆)는 말이 있다. 모든 것은 나를 아는 데서부터 시작한다. 그런데 실제로 자신에 대해 아는 것도 너무 어렵다. '내 마음 나도 몰라'라는 노래도 있다. 사후의 세계에 가면, '너 자신을 알라'라고 말한 소크라테스를 만나 '어떻게 하면 나를 알 수 있는지' 물어보고 싶다.

외교사를 보면 상대를 알아내려고 치열하게 정보수집 경쟁을 해왔다. 만일 상대의 이해, 관심, 장점, 결점을 안다면 상대를 어느 정도 아는 것이 가능한 일일 것이다. 도청 등 스파이 행동을 통해서 정보를 얻기도 하며, 매우 드물지만 제1차 세계대전 당시 여자 스파이 마타하리 이야기처럼 미인계를 쓰기도 했다. 외교관은 허가 받은 간첩이라는 말도 있다. 주재국 대통령에게 우리 대통령의 신임장을 제출하는 순간부터 대사는 주재국의 모든 곳에 갈 수 있고, 모든 사람을 만날 수 있다. 과거 냉전 시절에 소련이 서방 외교관에 대해 이동을 제한하자, 서방도 자국 주재 소련 외교관들의 이동을 제한했다. 매우 드물지만 지금도 몇몇 나라는 자국 주재 외교관들의 이동을 제한하기도 한다.

정보를 얻으려는 노력은 기업도 마찬가지다. 일본 종합상사의 정보력은 미국 정보기관인 CIA에 버금간다고 한다.

정보는 비밀로, 익명으로 그리고 효과적으로 수집해야 한다. 19세기 중엽 대영제국의 총리였던 파머스톤경은 대사는 모세의 십계명을 다 어겨도 자신이 말하는 11번째 계명인 '들키지 말라'는 어겨서는 안 된다고 경고했다. 몇 년 전 우리나라 정보요원이 인도네시아와의 군수품 수출 협상 과정에서 방한 중인 협상 대표의 호텔 방에 몰래 침입해 문서를 뒤지다가 들킨 일이 있었다. 이게 사실이라면 우리 정보기관의 정보 수집 노력은 수가 한참 낮은 부끄러운 행동이다.

(4) 상대를 알기 위한 끊임없는 노력

상대를 알기 위한 정보수집 노력에도 불구하고, 외교에서 자신과 상대에 대한 바른 인식과 판단이 없었기 때문에 세계는 수많은 비극을 겪어야 했다. 제2차 세계대전만 하더라도, 영국은 프랑스가 독일의 침략을 저지할 수 있는 있는 능력이 충분하다고 생각했다. 그래서 오히려 베르사유조약으로 불공평한 대우를 받은 독일과 화해해야 한다고 오판했다. 프랑스는 영국이 결국에는 프랑스와 연합할 것이며, 마지

노 방어선이 독일 침략을 막아줄 것이라고 오판했다. 미국 역시 동구에 공산주의 팽창에 열중하는 스탈린이 냉혹한 계산가임을 과소평가해 전쟁 이후 유럽에는 더 이상 세력균형이 불필요하다고 오판했다. 소련은 자기 국경의 안보벨트 구축에 서방 연합국들이 이해해줄 것으로 오판했고, 독일의 히틀러는 두 개의 전쟁(서쪽에서는 영국, 동쪽에서는 소련) 수행이 가능하다고 믿었고 심지어는 미국과도 전쟁을 선포했다.

이념의 선입견으로 눈을 가린 미국은 베트남 전쟁에서 소련과 중국이 심각한 상태의 분쟁 중이었음을 몰랐다. 마오쩌둥이 이미 1965년에 중국은 외국에 군대를 보내지 않고 중국 영토가 공격당하지 않는 했던 어느 누구와도 싸울 의도가 전혀 없다고 했던 공언을 무시한 채, 오히려 소련과 중국이 공모해 월맹을 내세워 인도차이나 반도를 공산화 하려한다고 오판했다. 특히 베트남이 중국에 대해 문화적으로는 흠모하지만 정치적으로는 강한 거부감을 가지고 있는 역사적 배경을 이해하지 못해 월남전을 일으켰다가 결국 5만여 명의 안타까운 젊은 목숨을 잃고 말았다.

상대방의 선입견을 역으로 이용한 사례도 있다. 프랑스는 1954년 베트남 북서부 1,000미터의 디엔비엔푸 분지에 진을 치고 불나비를 유인하듯 호치민 군대를 유인해서 섬멸할 작전을 세웠다. 프랑스군 지휘부는 열악한 무기를 가지고 싸우는 호치민군이 그렇게 높은 산꼭대기까지 대포를 끌고 올라와 주둔해 있는 프랑스군을 공격하리라고는 전혀 예상치 못했다. 호치민군을 얕본 것이다. 호치민군의 보 응우옌 잡 장군은 '프랑스군이 빠진 생각의 함정'을 이용해 한 번에 1인치씩 3개월에 걸친 고행 끝에 대포를 프랑스군이 내려다보이는 산꼭대기까지 끌어올려 동굴이나 참호에 은폐했다. 그는 대포를 이용해 프랑스 군용기의 공항 활주로를 파괴해 군수품 공수를 차단했다. 프랑스군 포병사령관은 자살했고, 1만 2천여 명의 프랑스 군이 보 응우옌 잡 장군에게 항복했다.

(5) 상대에 대한 열린 마음과 자세

다른 사람을 만날 때 우리는 선입견을 경계해야 한다. 선입견은 어떤 대상에 대해 이미 마음속에 가지고 있는 고정관념이나 관점을 말한다. 사람들은 새로운 정보를 접하면 이 선입견에 맞추어 듣고 보고 받아들이는 경향이 있다. 즉 선입견에 일치하는 정보는 쉽게 받아들이지만 불일치하는 정보는 잘못된 것이라고 일축해버린다. 선입견 때문에 정보에 대한 평가가 영향을 받는 경우가 많다. 심한 경우 자기 선입견을 지지하는 정보만 구하려고도 한다. 즉 자기가 원하는 것만 보고 들으려는 것이다. '희망적 사고 wishful thinking'가 그 예다. 당장 눈앞에 직면한 우려사항이 있으면 그 우려에 적합한 정보는 받아들이고, 그에 배치된 정보는 무시한다. 상황을 해결하려면 매우 진지하게 들여다봐야 하는 정보인데도 말이다. 결정된 정책을 지지하는 정보만 의지하는 것은 매우 경계해야 할 일이다. 정보 수집이나 정책을 입안하는 위치에 있는 사람은 상대에 대한 인식에 열린 마음자세를 가져야 한다.

사람을 외모로 판단하지 말라는 말이 있다. 1884년 릴랜드 스탠퍼드 부부는 16세의 나이로 사망한 아들 릴랜드 스탠퍼드 주니어를 기념하기 위해 하버드 대학에 기부의사를 가지고 하버드 대학 총장을 찾아갔다. 그러나 총장은 바로 면담을 해주지 않았고 몇 시간을 기다린 끝에서야 겨우 만날 수 있었다. 부부는 총장에게 자초지종을 말하며 기부의사를 밝혔지만, 총장은 헙수룩한 차림의 부부를 보면서 건물 하나 짓는데 얼마나 큰돈이 드는지 아느냐며 부부의 기부 의사를 차갑게 거절했다. 하지만 헙수룩한 옷을 입은 부부는 사실 대단한 부자였다. 그들은 하버드 대학 총장에게 매우 실망했고, 캘리포니아로 가서 직접 대학을 설립했는데, 그들의 이름을 따서 지은 스탠퍼드 대학이다.

(6) 직접 만나는 것의 중요성

아무리 첨단기술시대여도 상대방을 제대로 알려면 직접 만나는 대면 접촉이 중요하다. 물론 최신 기술인 AI가 상대를 알아내는 데 도움을 줄 수는 있다. 그러나 변화무쌍하고 복잡한 인간의 마음을 알아내는 것은 쉽지 않다. 사실 요즘은 거의 모든 정보가 언론 등에 이미 노출되어 있고, 기술 발달로 누구나 이런 정보에 쉽게 접근할 수 있다. 하지만 정보의 진위 여부를 파악하고 분석하는 데는 여전히 대면이 효과적이다.

코로나19 이후 많은 변화가 있었고, 그중 하나가 비대면 활동이 널리 확산된 것이다. 그러나 인간이 인간을 만나는 대면의 중요성은 줄어들지 않을 것이다. 코로나 시대에 '2미터 간격의 사회적 거리두기'는 필요하지만, 미국 고위 외교관 출신으로 바이든 행정부에서 CIA국장으로 발탁된 윌리엄 번즈가 〈The Back Channel〉에서 강조한 '외교소통에서 가장 중요한 연결은 마지막 1미터다'라는 말처럼 외교활동에서 대면 대화의 중요성은 아무리 강조해도 지나치지 않는다. 만난다는 건 믿는 것이기 때문이다.

만나는 것은 상대의 마음으로 들어가는 문이다. 맹자도 '만나서 상대의 말을 듣고 그 사람의 눈동자를 본다면 상대가 어찌 숨길 수가 하겠는가(聽其言也 觀其眸子 人焉廋哉)'라고 말했다. 상대를 만나는 것은 정말 중요하다. 상대를 계속 만나려면 대화를 잘 이끌어가야 한다. 특히 만나서 대화를 막 시작하는 초기에는 더 그렇다. 분위기 조성이 중요하다. 마치 고슴도치가 짝짓기 하듯 조심스럽게 임할 필요가 있다. 날씨, 음식, 스포츠, 그 당시 화제가 되는 일 등 파커 파머(Parker Palmer)가 말하는 '제3의 일(third thing)'은 대화를 시작해서 연결해 나가는 발판으로서 적절하다. 영국 외교관들은 날씨만으로도 긴 시간을 대화할 수 있도록 훈련받는다고 한다. 하지만 종교, 정치 성향, 나이, 봉급, 성적 지향, 결혼 여부 등 개인적인 프라이버시에 관한 내용은 처음 만나는 사이의 대화로는 적절하지 않다.

더 나아가 면담에서는 경청이 중요하다. 말하는 것보다 듣는 게 훨씬 생산적이라는 의미다. 내가 말하는 것만큼 경청의 기회를 잃는다. 경청은 상대에 대한 이해를 높이고 상대에게 관심을 가지고 있음을 보여주어 유대를 강화할 수 있다. 그래서 경청이 가장 훌륭한 소통이라고 한다. 이건희나 버락 오바마 역시 한결같이 경청을 강조했다. 특히 외교관은 주재국에서 들리는 모든 소리에 귀를 크게 열고 미세한 음까지도 놓치지 않도록 훈련받는다.

대화할 때 상대와 눈을 맞추고, 상대가 신나는 일에는 고개를 같이 끄덕이고, 싫어하는 일에는 고개를 좌우로 저으며 동조하면 대화에 집중할 수 있다. 한국인은 외국인과 대화할 때 눈 맞추는 게 자연스럽지가 않다. 군대 생활하면서 상관과 이야기할 때 그 상관을 쳐다보지 말라고 교육받은 나는 옥스퍼드 대학에서 공부할 때 지도교수로부터 자기와 이야기할 때는 자기 눈을 맞추라고 지적을 수없이 받은 후에야 겨우 눈맞춤에 익숙하게 되었다. CNN의 유명한 앵커였던 래리 킹도 자신의 저서 《How to Talk to Anyone, Anytime, Anywhere》에서 눈을 맞추는 아이 콘택트는 성공적 대화에 중요하다고 강조했다. 물론 대화 내내 상대를 뚫어지게 쳐다볼 필요는 없다.

한편 대화에서 상대가 내 말을 경청하도록 하는 것도 중요하다. 하지만 이때는 간결함이 권장된다. 대개 대화를 듣는 상대자는 대화 시간의 5% 내에 말한 것을 마음에 담는다고 한다. 상대에게 꼭 전달하고 싶은 중요한 내용이라면 짧고 간단하게 말하는 것이 효과적이다. 윌리엄 셰익스피어는 《햄릿》에서 '간결이 소통의 핵심Brevity is the soul of wit'이라고 말했다. 래리 킹도 1863년 11월 게티즈버그에서 당시 가장 인기 있던 웅변가인 에드워드 에버레트Edward Everett의 2시간 연설보다 에이브러햄 링컨Abraham Lincoln이 '국민의 국민에 의한 국민을 위한 정부'를 제시한 2분 가량의 연설이 더 불후의 명연설로 남았다며 간결성의 가치를 강조했다. 킹은 영국의 처칠 총리가 제2차 세계대전 중 독일의 공격이 한창일 때인 1941년 한 청소년학교에서의 연설을 소개했다. "명예와 건전한 판단의 경우를 제외하고는 크건 작건 어떤 경우에도 굴복하지 말라." 이 말이 전부인 간결한 연설을 소개하면서 이런 점이 우리가 위대한 지도자들로부터 배워야 할 첫 번째 일이라고 말했다.

OECD 최고의사기관인 이사회는 장관들의 기조연설을 3분 내로 제한한다. UN에서도 국가원수나 정부 수반의 기조연설은 관행상 대개 15분 정도다. 아주 드문 일이지만, 이 관행을 어긴 경우도 있었다. 미국 격월 간행물인 〈Foreign Policy〉에 따르면, 유엔 주재 인도 대표부 크리슈나 매논 대사는 1957년 유엔 안전보장이사회에서 캐슈미르 문제 토의 시 무려 8시간이나 연설하다 쓰러져 결국 병원에 입원했다고 한다. 피델 카스트로 쿠바 대통령은 1960년 유엔총회에서 4시간 반 동안 연설했고, 무아마르 알 카다피 리비아 지도자는 2009년 유엔총회에서 100분 동안이나 연설했다. 국가원수나 정부수반이니 연설 도중 이를 제지할 수는 없었지만, 이는 회원국들 대부분이 원치 않는 일이고, 그런 긴 연설은 막상 전하려는 메시지를 상실하고 만다.

(7) 상대방의 문화를 이해한다는 것

상대의 문화를 이해하면 상대의 입장에서 보는 데 큰 도움을 줄 수 있다. 문화의 기능에 대해서는 찬반의 견해가 있지만, 상대의 문화에 대한 이해는 그 상대와 소통, 협상하는 데 교량역할을 한다. 문화는 여러 정의가 있다. 그중 프랑스 소르본 대학의 귀 올리비에 포르 교수가 학술지 〈국제협상 Internation Negotiation〉에서 한 정의가 있다. 그는 '문화는 국민 간 공유되고 오래 지속되어 온 가치, 의미, 신념의 집합체로서 국민적, 종족적 행동의 특징이 되고 근원이 되는 것'이라고 말했다.

인간은 문화에 의해 영향을 받은 신념, 가치에 따라 행동하는 경향이 있다. 외교활동의 핵심 중 하나인 협상에도 문화는 그 틀을 구축하는 데서부터 협상자의 개인 성향, 협상 전략과 과정 그리고 결과에까지 영향을 미친다. 문화에 따라 협상 스타일은 다르다. 미국은 실용적, 법률적 성향과 함께 초강대국으로 인권 등 도덕적 가치의 전 세계적 확산을 도모한다. 러시아는 외부의 침략과 지배를 받은 역사 때문에 안보불안의 강박관념이 강해 영토 확장을 안보와 동일시하면서 힘을 중시하고 타협과 양보를 취약의 표시로 간주한다. 일본은 부족주의 문화의 영향으로 그룹 지향성이 강하고 조화와 체면을 중시하며 의사결정이 컨센서스로 이루어진다. 헨리 키신저는 저서 《외교Diplomacy》에서 '일본은 컨센서스로 운영되는 나라다(Japan operates by consensus)'고 말했다. 중국은 중화사상과 문화 생산국으로서의 자신감을 보이며, 시간의 개념과 리듬이 중장기적이며 바둑게임의 포석처럼 전략적 접근을 취한다. 법률보다는 도덕, 윤리를 선호하며, 대인관계지향도가 높다.

같은 문화를 공유하거나 문화가 유사하면 쉽게 친해지고 대화도 쉽게 이루어진다. EU의 '공동체 정신'을 보면 이런 면이 이해될 것이다. 국제회의에 가서 보면 한국, 중국, 일본, 베트남, 싱가포르 등의 대표들은 행동과 사고가 비슷하다.

국가 차원의 문화 안에 지방 차원의 문화, 기업문화 등 소문화가 있고, 유엔 등 국제기구는 나름의 조직문화를 발전시켜 왔다. 시장경제, 민주주의, 인권 등 기본 가치를 공유하는 OECD 회원국들은 문화적 배경은 서로 다르지만 공동의 언어common language를 사용하는 조직문화를 가지고 있다. 그래서 서로의 경제 또는 사회에 관한 정책이나 관행에 대해 때로는 혹독한 비판을 가하는 동료 압력peer pressure이 통한다. 다른 국제기구에서는 보기 힘든 장면이다.

기업도 주재하는 나라의 문화를 잘 이해하면 상품 판매

에 도움을 받을 수 있다. 전정관의 《태국이야기2》에서 최근 삼성이 태국에서 생산되는 냉장고에 태국 국기 색깔인 적색, 백색, 청색과 왕실 색깔인 노란색을 활용한 컬러 마케팅으로 크게 성공했다고 썼다. 이는 문화를 이용한 수많은 마케팅 사례 중 하나다. 외교든 기업이든 상대의 마음에 이르는 길인 상대의 문화에 대한 이해는 활동의 성패를 좌우한다고까지 말할 수 있다.

(8) 마음의 문을 여는 장애

상대의 마음 문을 여는 데 장애물도 있다. 그중 하나가 이념이라고 본다. 냉전시대에는 공산 진영이든 민주 진영이든 모두 이념 때문에 눈이 가려져 상대를 제대로 보지 못했다. 일선의 외교관들도 이념의 경직성에 얽매여 역할을 제대로 수행하지 못했다. 구 소련의 경우, 제2차 세계대전 후 미국의 경제, 기술, 군사력과 비교해 엄청난 '비대칭적' 상황에서, 미국에 대한 '비협조'가 생존의 전략이었다. 혹독한 자연과 허허벌판에서 수없이 이민족의 침략과 지배를 당한 소련 사람들은 영토팽창이 곧 안보이고, 상대는 제압해야 할 대상이며 타협은 취약의 표시라며 협력을 거부했다. 협상에 나선 소련 외교관들은 이념과 국내에서 당할지도 모를 숙청에 대한 두려움 때문에 본부로부터 받은 지시를 앵무새처럼 반복했다. 그러다 보니 강국이면서도 글로벌 문제에 대해 해결방안을 제시하지 못하고 민주 진영의 이니셔티브에 비타협과 반대로만 일관하는 등 조금도 탄력성을 보이지 않았다. 그들에게서 목격되는 대표적인 협상전술은 '상대의 심신을 지치게 하는 것$^{wearing\ down}$'이었다.

냉전 후인 1990년대 말 러시아와의 '이중과세방지협정', '원자력에너지의 평화적 이용에 관한 협정' 교섭 시에도 이를 실감했다. 냉전 시절 외교협상에 임하는 소련 외교관들은 오로지 국내에서의 생존이 우선이었다. 이때 미국의 '봉쇄정책$^{containment\ policy}$'을 주창한 조지 케넌이 한 말로 전해지는데, '만일 협상이 제네바에서 진행되면 미국 대표에게 좋은 집 한 채를 1년 계약하게 하고, 교외 컨트리클럽 회원권을 얻어 준 후 러시아와의 첫 회의를 준비시켜라'고 말했다. 키신저는 비타협형의 대표적인 소련 외교관으로 28년 동안 소련 외무장관이었던 안드레이 그로미코를 예로 들면서, 그로부터 협상 의제 하나에 대한 동의를 얻어내는 데도 정말 어려움이 많았다고 고충을 토로했다. 키신저는 이런 비타협의 소련을 1972년 중국과 수교를 통해 극복했다. 그의 '삼각외교triangular diplomacy'는 중국과 소련을 분열시키는 효과를 가져왔다. 소련과 중국은 내부적으로는 분쟁하고 있었지만 공산주의 이념을 공유하며 미국에 대해 공동전선을 구축했다. 그런 중국을 잃은 후에는 그동안 미국과 협상을 거부해온 소련이 전략무기제한협정SALT 등에서 미국과 협력하기 시작했다. 소련 외교관과의 협상을 지겨운 과정으로 불평했던 키신저는 월남전 종전을 위한 파리협상을 3년간 해왔던 월맹 협상가들에 대해 '이들을 보면 러시아 사람들은 양반이었다(They make the Russians good)'고 회고했다. 키신저의 언급은 협상에서 끈질긴 월맹 사람들을 비난하는 차원이었지만, 독립전쟁 후 통일전쟁을 치르는 베트남인들에게는 나라를 가진 러시아보다 더 절박했던 입장에서 협상했던 상황을 보여준 측면도 있다.

(9) 넛지의 역할

　국제협상에서 문화 등 공감하는 부분이 없는 가운데 소련(러시아)의 경우처럼 요지부동의 비타협으로 임할 경우 택할 수 있는 전술로는 국제법 규정, 과학적 증거, 국제 관습법 규정을 이용하는 것이다. 객관적인 기준이 없는 경우에는 선례가 원용된다. 선례는 국제관습법 이전 단계로 볼 수 있다. 스페인 속담에 '본래 길은 없다. 길은 사람이 다니면서 만들어진다(There are no roads. Roads are made by walking)'라는 말이 있다. 맨하탄의 구불구불한 브로드웨이 길은 원주민들이 다니면서 생긴 길이라고 한다. 사람들이 다녀서 만들어진 길은 대체로 안전하다.

　국제협상에서도 정한 절차나 원칙이 없는 경우에 국가들이 반복해서 실행한 것이 선례가 된다. 선례는 위험 부담이 비교적 적고 객관적 기준을 제시해 상대가 동의하는 데 용이하게 해주어 합의를 촉진시킬 수 있다. 허브 코헨(Herb Cohen)은 《협상의 법칙(You can negotiate anything)》에서 선례의 힘을 언급했고, 로저 피셔(Roger Fisher)도 《YES를 이끌어내는 협상법(Getting to YES)》에서 선례의 순기능을 소개했다. 그래서 협상에 임할 때는 비슷한 선례가 있었는지 먼저 파악해보는 것은 매우 중요하다.

1993~95년까지 3년간 지속된 '경계왕래어족 및 고도회유성 어족에 관한 유엔회의^{UNC SFS&HMFS}', 일명 '유엔공해어족보존회의'는 1982년 채택된 유엔해양법 협약의 미결과제인 수산문제 중 어족자원의 급격한 감소에 대응하는 문제를 토의했다. 여기서 미국, 캐나다, 호주, 뉴질랜드 등 '200마일 배타적 경제수역^{EEZ}'을 가진 연안국들은 공해상 어족자원의 보존이 시급하다며, 이를 위해 원양어업국의 공해상 조업금지 등을 염두에 둔 '사전 예방적 접근^{precautionary approach}' 채택을 주장했다. 하지만 EU, 한국, 일본, 중국, 폴란드 등 원양어업국들은 어족자원 감소가 공해상 조업으로 인한 것이라는 확실한 과학적 근거가 있을 때만 보존조치가 취해질 수 있다고 주장했다. 이에 연안국들은 1992년 리우에서 열렸던 '유엔환경개발회의^{UNCED}'가 이미 환경보존을 위해 '사전 예방적 접근'을 취할 수 있다고 선언한 선례가 있다고 주장했다. 유엔공해어족보존회의는 '사전 예방적 접근'을 채택하되, 이 접근은 공해에서 적용되지만 어족 자원의 90% 이상이 살고 있는 EEZ에서도 똑같이 적용되는데 합의, 연안국들이 원양어업국들의 공해상에서 조업을 일방적으로 제한하지 못하도록 했다. '사전

예방적 접근'은 유전자변형생명체GMOs 작물과 식품의 거래와 관련해서도 문제가 제기되었다. 미국, 캐나다 등 농산물 수출국들은 현재의 과학적 지식에 기초한 위해성 평가를 통해 잠재적 위험을 관리해야 한다고 주장했고, 농산물 수입국인 EU는 현재의 과학적 지식이 불완전함을 고려해 사전 예방적 차원에서 GMOs 문제에 접근해야 한다고 주장했다. 2001년에 채택된 '바이오안전의정서'는 '사전 예방적 접근'을 채택, GMOs의 국가 간 이동을 규제할 수 있는 수입국의 권능을 인정했다. 우리도 유전자 변형 작물과 식품을 수입할 때 '사전 예방 원칙'을 적용, 규제를 가할 수 있게 되었다.

제스처 등 비언어적 소통은 상대의 마음을 얻는 데 도움이 된다. '로마에 가면 로마 사람처럼 행동하라(Do as the Romans do when in Rome)'는 남의 집에 가면 그 집의 풍습을 존중하라는 말이다. 이를 국가 간 관계에 적용하면 다른 나라에 가면 그 나라 법이나 제도, 관행과 행동까지 존중하라는 말이 된다. 상대국 국민이 주인이고 방문하는 나는 손님이기 때문이다. 한국을 방문하는 외국인이 우리말을 하거나 고개 숙여 인사하면 호감이 간다. 로저 액스텔Roger Axtell의《제스처Gestures》에 따르면, 인간의 의사소통 가운데 60%는 비언어적이며, 감정의 90%가 비언어적으로 표현된다고 한다. 제스처는 비언어적 소통의 한 부분으로, 작지만 매우 큰 영향을 미친다. 그래서 조심할 점도 많다.

주머니에 손을 넣고 말한다든지, 발을 꼬고 앉는다든지, 왼손으로 명함 등 물건을 준다든지(특히 이슬람 국가에서 조심해야 함), 남의 머리를 만진다든지(동남아 국가에서 조심해야 함), 신발의 바닥을 상대에게 보이면서 앉는다든지(동남아 국가에서 조심해야 함), 여성과 볼 키스 또는 악수하는 행동(이슬람 국가에서 조심해야 함) 등이다. 이런 작은 행동들이 상대에게 오해 또는 나쁜 인상을 줄 수 있으며, 첫인상은 아주 오래간다. 1954년 인도차이나에 관한 제네바 회의 당시 중국 대표인 저우언라이 총리는 미국 대표인 존 포스터 덜레스 미국 국무장관에게 악수하자고 손을 내밀었다가 거부당했다. 저우언라이는 17년이 지나 1971년 수교 협상차 비밀리에 중국을 방문한 헨리 키신저 당시 미국 대통령 안보보좌관을 만나자마자 이 불쾌했던 순간에 대해 가상 민지 말을 꺼내며 회상했다고 한다. 역사에서 가정은 의미 없는 일이라지만, 이념적으로 대립하고 있던 거대국의 대표들이 당시에 서로 악수했더라면 세계사는 달라졌을지도 모른다.

글로벌 시대에 또 하나 중요한 것은 식탁매너다. 18세기 영국 철학자 겸 정치인인 에드먼드 버크Edmund Burke는 '매너는 법보다 더 중요하다(Manners are of more importance than law)'고 말했다. 사람들은 상대가 지니고 있는 성품보다 매너를 보고 그를 판단하는 경향이 있다. 특히 처음 대면할 때는 더 그렇다. 식탁 매너 또한 사람들이 오래 기억한다. 우리말에 식구(食口)는 함께 식사하는 사람으로, 가족을 뜻한다. 식구는 허물없는 사이로, '밥상머리 교육'이라는 말까지 있듯이 가르침의 시간이기도 하고, 소통의 시간이기도 하다.

외교에서도 네트워킹과 마음의 소통은 오찬 만찬 등 음식을 나누는 연회에서 이루어진다. 이때 식탁 매너는 상대를 편하게 해주는 기능을 한다. 국제화 시대에는 글로벌 식탁 매너를 익혀 놓으면 편하다. 슈테판 차이데니츠Stefan Zeidenitz는 《제노포브스 가이드The Xenophobe's Guide to The Germans》에서 프랑스인들에게는 음식의 질이 중요하고, 독일인들에게는 음식의 양이 중요한데, 영국인들에게는 오로지 식탁 매너가 중요하다는 우스갯말을 언급했다.

1979~80년까지 1년 동안 영국 옥스퍼드대학교의 외교관 과정에서 훈련받을 때 일이다. 선생이든 학생이든 식사 때는

항상 검정 사각모를 쓰고 검정 가운을 갖춰 입어야 했고, 금요일 저녁은 연사로 초청된 영국 내 저명인사의 연설을 들었다. 영국인들은 국제법, 국제정치, 국제경제 등 공부와 함께 식탁매너도 중시했던 것으로 보였다. 수프나 커피 같은 뜨거운 음식을 식히려고 입김을 불면 안 되고, 일단 입안에 넣은 음식은 입 밖으로 내보내서는 안 되었다. 음식을 씹는 동안 입을 벌려서는 안 되고, 식사 중에 코는 풀어도 되지만 트림은 하면 안 되었다. 바나나는 나이프와 포크로 껍질을 벗긴 후 잘라서 포크로 집어먹고(1930년대 헝가리 출신의 영국 이주민 조지 미케스는 영국인처럼 행세하려면 식사할 때 포크를 뒤집어 그 위에 완두콩도 올려놓은 후 먹어야 한다고 말했다), 손으로 음식을 먹을 일이 생기면 '손가락이 포크보다 먼저 생겼지Fingers are made before fork'라고 말할 수 있다. 식사 중 와인이나 물을 탁자 위에 엎지르는 난감한 상황이 발생하면 나폴레옹이 한 말이라면서 '숭고함과 우스꽝스러움은 종이 한 장 차이다(From the sublime to the ridiculous there is but a step)'라고 하면서 재치 있게 말할 수 있다. 식탁에서 식사하는 데 옆에 여성이 앉게 되면 그 여성이 자리에 앉을 때 의자를 뒤로 빼주어 편하게 앉도록 하고 일어설 때도 의자를 빼주어 편하게 일어서도록 도와주어야 한다. 그 여성이 음식을 다 먹었다는 표시로 포크와 나이프를 접시 위에 나란히 놓은 후에야 남성도 음식 먹기를 마쳐야 한다. 전채에서부터 수프, 샐러드, 주 요리, 디저트, 후식에 이르는 과정으로 이루어지는데 재료와 요리는 매번 다르다. 연회 때 곁들여지는 와인에 관한 지식과 마실 때 매너는 책 한 권에 달할 정도다. 이런 매너는 식사 과정을 복잡하게 하려는 것이 아니고 오히려 편하게 대화하며 맛있는 음식을 나누면서 재미있는 보내도록 하려는 데 있다. 한 침대회사가 광고에서 'Manners make comfort'라고 말하는데, 아마도 '매너를 갖추면 편하게 된다'는 뜻일 것이다. 함께 즐겁게 식사한 시간은 오래 기억된다.

상대의 마음에 이르는 데는 감성적 접근도 효과적이다. 주베트남 대사로 부임할 즈음인 2007년 7~8월에 한국인 남자와 결혼해서 한국으로 이주해온 베트남 여성들에게 타살, 자살 등 여러 가지 불행한 일이 많았다. 그래서 부임한 후 베트남 지도자들을 면담했을 때, 그들은 하나같이 한국으로 이주한 베트남 여성들이 겪고 있는 고통에 우려를 표명했다. 한국의 딸들이 외국으로 시집가서 이런 일을 겪는다면 우리도 당연히 걱정했을 것이다. 나는 베트남 여성을 사랑하지 않으면 베트남을 사랑할 수 없다는 생각을 가지고, 그녀들을 돕는 일을 대사관 활동의 최우선순위로 삼았다. 우선 두 나라 간 결혼제도와 관행상 차이점을 서로 이해시키기 위해 양국의 결혼전문가를 섭외해 세미나를 개최했다. 국제결혼제도 개선 추진, 한국 이주를 앞둔 여성에게 한국 문화와 생활에 대한 교육, 이미 결혼해서 사는 여성의 친정 지원 등 캠페인도 벌였다. 또한 불법 탈법 결혼중개 방지를 위한 국제결혼중개에 관한 법률제정을 촉구하고, 248명의 전국 지자체장 앞으로 서한을 보내 베트남 여성 정착 지원 및 인권보호를 요청했다. 주한 베트남 대사와 함께 옥천 거주 베트남 여성을 방문해 면담 및 고충을 청취해 제도개선 노력도 병행했다.

베트남 정부 지도자들이 이런 노력이 매우 좋게 평가해주었으며, 특히 농득마잉 당서기장은 이임인사 차 방문한 나에게 베트남 다문화 여성을 위해 내가 우리 국회의원들과 지자체단체장들에게 편지를 쓴 일 등을 보고 받았다고 말하며, 이를 높이 평가하고 감사하다고 말했다. 내 재임 기간 중 한국과 베트남의 관계는 정치, 경제 문화 등 모든 면에서 확대 발전할 수 있었다. 주베트남 대사직을 마치고 귀국한 후, 전국을 돌며 베트남의 역사, 문화 그리고 국민성에 대해 소개하면서 베트남 여성에 대한 인식개선과 지원 그리고 보호를 당부했다. 그리고 다문화 여성을 지원하는 '한국건강가정진흥원'의 발기 이사로 참여했다. 2007년 국회의 국제결혼중개에 관한 법률제정으로 기승을 부리던 불법 탈법 중개가 많이 줄고 정부, 지자체, 기업의 지원으로 다문화 여성의 정착과 인권보호에 큰 진전이 있어 다행이다. 지금도 가끔 베트남 여성이 타살되거나 구타당했다는 기사를 접하면 마음이 참 아프다.

(10) 마음의 문을 여는 열쇠

작은 행동이라도 성의가 있으면 상대를 감동시킬 수 있다. 이란의 한 외무부 간부는 수차례에 걸쳐 면담을 요청했음에도 일정이 바쁘다는 이유로 회피하기만 했다. 급히 처리해야 할 일이 있어 그를 만나는 것이 매우 시급했다. 그의 일정을 마냥 기다릴 수만 없어서 하루는 무조건 그의 사무실에 찾아갔다. 그는 자리에 없었다. 나는 의자 하나를 얻어 비서실에 앉아 무작정 기다렸다. 비서는 자기 상관이 그날 사무실에 출근하지 않는다고 말했다. 그래도 나는 앉아 있었다. 1시간쯤 지나니 그 외무부 간부가 달려와 아주 미안하다며 없다는 시간을 1시간이나 내주고 점심까지 사주었다. 그 뒤 그는 나의 친구가 되었다.

나는 이란 대통령 행사에 빠지지 않고 참석했다. 이런 행사에는 이란 고위인사들이 대통령을 수행해서 오기 때문에 그들을 만날 수 있는 좋은 기회다. 이란 외무부는 내가 이란 대통령 행사에 가장 열심히 참석한 대사라며 고마워했다. 그래서인지 이란 외무부는 내가 이란 주재 외국 대사 중에서 부임 서열이 많이 늦는데도, 80여 대사들의 외교단 행사에 나를 대표로 내세우기도 했다.

베트남은 근세에 들어 프랑스와는 독립전쟁, 미국과는 통일전쟁 그리고 중국과는 국경분쟁 등 3번의 큰 전쟁을 치르느라 경제개발 기회를 놓치고 말았다. 스포츠에서도 경쟁력은 매우 약했다.

그러던 베트남이 축구에서 동남아 컵을 차지할 수 있는 기회가 왔다. 2008년 12월 28일, 최종결승전에서 만난 태국과 비기기만 하면 스포츠에서 처음으로 우승하는 게 가능한 순간이었다. 태국에 1대 0으로 뒤진 가운데 전·후반을 마치고 추가 3분 중 10초를 남겨놓고 얻은 코너킥이 골로 연결되어 경기를 비겼고, 결국 눈물겨운 우승컵을 차지했다. 내가 저녁식사를 하던 식당에서는 물론이고 하노이 전체가 열광했다. 나는 베트남 문화체육부장관에게 동남아컵 우승은 베트남의 비상을 보여준다는 축하서한을 보냈다. 얼마 후 한 외교 행사에서 만난 그 장관은 편지를 자기 부처 전 직원에게 읽어주었다고 말했다. 이 편지도 베트남 내에서 관계자들의 도움을 받는 데 기여했다고 생각한다.

상대의 이름과 얼굴을 기억하는 것은 상대의 마음 문을 열 수 있는 하나의 열쇠다. 서로 이름을 부르며 소통하는 것은 인간만이 가진 특징이다. 누가 내 이름을 다정히 불러주면 금방 친근감이 든다. 외교 일선에 서면 주재국의 정부 및 정치, 경세, 사회 등 각 분야 고위인사들과 주재국에 주재하는 다른 나라 대사 및 국제기구 대표 등을 만나면서 활동한다. 이런 활동을 하는 과정에서 만나는 사람의 이름과 얼굴을 기억하는 것은 매우 중요한데, 사실 참 어렵기도 하다.

전쟁터인 이라크에서도 연합군 행정처의 요인들과 이라

크의 과도 정부 지도자들의 이름과 얼굴은 물론 우리 공관의 이라크인 무장 경호원들의 이름과 얼굴을 기억하려고 노력했다. 총격전이 벌어지거나 폭탄이 터질 때 경호원들에게 이름을 부르며 제때에 지시해야지 그러지 못하면 죽음에 직면해야 했다. 중동 사람 이름이 낯설어 부를 때 실수도 했지만, 이름을 기억해 불러주려는 나의 노력을 모두 좋게 보아주었다.

이란과 베트남 두 군데 모두에서 똑같이 노력했다. 만나는 사람이 있으면 가급적 사진을 같이 찍어서 사무실에 돌아와 컴퓨터에 저장해놓고 여러 번 보면서 이름과 얼굴을 기억하려 했다. 다음에 다시 만날 때는 반갑게 이름을 불러주면 여간 좋아하는 게 아니었다. 한번은 이란 외무부의 한 간부와 부임 인사를 마치고 난 후 기념으로 사진 좀 같이 찍자고 했더니 자기는 성직자 두건을 쓴 채 외국인과 사진을 찍지 않는다며 정중히 거절했다. 이틀 후 한 리셉션에 갔는데 성직자 두건을 쓴 이란인들 중에 한 사람이 유난히도 나를 반겨했다. 누군지 잘 몰라서 건성으로 인사하고 지나쳤는데, 다음 날 대사관의 이란인 비서가 내가 어렵사리 면담한 바로 그 간부로부터 전날 리셉션에서 내가 자신을 모른 체했다며 매우 섭섭했다고 말했다고 했다. 결국 사진을 찍어주지 않아서 생긴 일로 설명되었고, 그 간부는 내가 이란을 떠날 때까지 가까운 친구가 되었다.

친할 때는 이름을 부르는 것이 우정의 표시이지만, 서로 대립관계에 있을 때 이름을 부르는 것은 비난이나 욕설의 의미가 있으므로 조심해야 한다. 영어의 'name calling'은 '비난'으로 번역된다. 트럼프 전 미국대통령은 2020년 9월 22일 유엔총회연설에서 코로나바이러스, 환경오염 그리고 무역 관련해서 열두 번이나 중국을 직접 거명했다. 월터 아이잭슨Walter Isaacson은 《키신저Kissinger》에서 키신저가 월맹과 파리평화협상의 성공적 타결을 발표할 때는 닉슨 대통령의 이름은 한 번만 언급하고, 이 합의내용에 불만을 가진 닉슨 대통령이 월맹에 재교섭을 압박하기 위해 폭격 재개를 발표할 때는 그의 이름을 열네 번 언급했다고 소개했다. 닉슨 대통령의 참모들은 성공은 대통령이 설명하고 실패는 참모가 설명해야 한다며 키신저에게 불만이었다. 1983년 소련이 뉴욕-서울을 비행하는 대한항공 비행기를 자국의 영토를 침입했다는 이유로 격추한 일이 있다. 민간항공기를 격추한 소련의 무자비한 행태에 세계가 분노한 가운데, 유엔안전보장이사회는 소련군용기에 의한 민항기 격추를 규탄하고 민항기에 대한 무력 사용은 인간에 대한 기본적 배려에도 반한다는 내용의 결의를 추진했다. 하지만 이 결의문에 대한항공기의 격추자로 '소련군용기'가 언급되는 데 대해 소련이 거부권을 행사했다.

1994년 유엔은 유엔해양법 중 미해결 사항인 공해상 조업문제를 논의하고 있었는데, 캐나다가 자국 인근에 위치한 공해상의 어족자원 보호를 구실로 '북대서양어업기구NAFO'를 설립해서 다른 나라의 조업을 제한했다. 이에 스페인이 캐나다가 공해상의 어족자원에 대해 조업을 제한하는 것은 국제법을 위반한 행위라며 NAFO 지역에서 조업을 강행했다. 캐나다가 조업 중인 스페인 어선을 나포하자 스페인은 군함을 발진시켰다. 이에 긴급 소집된 유엔회의 토론에서 캐나다도 스페인을 대신한 EU도 상대의 조치에 대해 맹렬히 비난하면서도 상대의 이름을 직접 언급하는 것은 자세했다. 북한은 우리의 화해와 협력의 대상이지만, 그러나 북한이 유엔 안보리 결의에 반하는 핵실험이나 장거리미사일 발사에 대해 유엔 등에서 국제논의가 있으면 우리는 당연히 북한을 직접 거명하면서 규탄해야 할 것이다.

부하직원에 대한 따뜻한 배려는 곧 그들에게 공감을 갖게 한다. 다산 정약용의 《목민심서》는 목민관, 즉 수령이 지켜야 할 몸가짐과 행동에 대해 말한 지침인데 한결같이 백성을 중심에 두었다. 공직생활 33년 하면서 다산의 말대로 행동했는지 뒤돌아볼 때 부끄러운 점이 참 많다. 다산은 하인들의 식사까지도 세심히 배려하라고 말했는데, 그 중에 4편 신임수령의 부임 행차(啓行)를 보면, 수령은 행차를 동이 트기 전에 하되, '하인이 밥을 먹었으면 곧 (자기의) 진짓상을 (준비해서) 올리고', '아랫사람들의 사정을 잘 헤아리지 못하는 사람들은 미리 주의를 주지 않고 일찍 일어나 밥을 재촉하고 (자기만 서둘러 밥을 먹고) 곧장 말에 오르니 하인들이 밥상을 받아놓고 먹지도 못한 채 일어나는 경우가 허다하다.'고 주의를 주고 있다. 수령은 하인들이 먼저 밥을 먹게 한 후 자기도 밥을 먹고 행차를 떠나라는 말이다. 외교행사에서 대개는 오찬 만찬 등 연회 때 주빈 등 식탁의 중앙에 앉은 주요 인사들에게 먼저 음식을 서브하고 식탁 끝에 자리한 하위직에게는 나중에 서브한다. 이러다보니 큰 연회인 경우 식탁의 끝자리에 앉은 하위직이 마지막 코스를 먹기도 전에 주빈과 주최자는 디저트 먹고 커피까지 마시고 일어선다. 이런 장면을 보면 다산의 배려는 얼마나 대단한가! 하인들은 자기들을 배려한 수령을 행차기간 중 충성과 근면으로 도왔을 것이다.

용맹하다는 미 해병대가 다산의 가르침을 잘 이행하고 있는 것으로 보인다. 시몬 시넥의 《Leaders eat last》에서 조지 플린 미 해병대 장군(퇴역)은 미 해병대는 임무실패의 대가는 재앙이므로 선택지가 될 수 없으며, 따라서 임무에서 반드시 성공해야 하며, 이를 위해 강력한 문화와 가치를 조성하고 이를 구성원들과 공유해 오고 있는데, 그것은 임무완수에 팀의 중요성과 사람의 중요성이라고 말하고 있다. 그에 따르면, 해병대원들이 식사하러 모일 때 사병들이 먼저 식사하고 장교들은 나중에 식사하며, 이는 명령이 있어서 그런 게 아니고 자연스럽게 그렇게 행동한다는 것이다. 이는 장교들이 자기들이 지휘하는 사람들의 필요를 먼저 배려해 주는 것이라고 한다. 지휘 특권의 대가는 지휘를 받는 사람을 위해 자신의 이익을 희생하는 것이라고 말한다. 전장에서도 전투 지휘자들이 자기들이 돌보는 부하들을 위해 자신의 안위를 희생할 때 모두가 생존한다는 사실을 관찰했다고 한다. 시넥은 리더는 미지의 세계나 위험에 먼저 달려가고, 자신의 이익은 제쳐두고 모두의 이익을 위해 희생할 때 사람들은 그를 위해 끊임없이 일하며 그를 따르는 것을 자랑스럽게 여긴다고 한다. 내가 2004년 이라크에서 대사관에서 근무하면서 우리군 파병일 처리차 전후 직후 이라크를 관리한 연합군행정처(CAP)에 자주 갔는데, 간 김에 그곳 군 식당에서 점심 식사를 하곤 했다. 식사 후 저항세력이 활보하는 시내에 순찰하러 또는 자주 전투도 하는 임무를 수행하기 위해 무장한 채 식사하는 미 해병들의 얼굴엔 두려움은 전혀 없고 농담과 웃음으로 가득 차 있었다. 그 당시 이라크에 파병된 미 해병대의 한 대위는 언론 기고문에서 자기가 지금 저항세력과 싸우지 않으면 그의 후세대가 피 흘려야 한다며 이라크전 참전을 자랑스럽게 말했다.

해외 외교공관에서 현지 행정 일을 도맡아 처리하는 현지인 행정원들을 잘 돌보는 일은 정말 중요하다. 현지인은 공관과 주재국 각계각층을 연결해주는 역할도 수행하면서 공관의 살아있는 기억으로 공관이 원활하게 돌아가게 하는 기름과 같다. 그들에게 자기들이 이처럼 가치 있는 일을 하고 있는데 대해 평가해 주면 그들은 더 열심히 일한다. 이란에서 근무할 때인데 오랫동안 우리 공관에서 열심히 일한 한 현지인 직원에 대해 우리 외무장관의 표창을 건의해서 상을 주었더니, 이 직원은 자기 나라 신문에 광고를 내서 우리 정부에게 감사를 표했다. 직원들의 생일에 맞추어 케이크와 꽃다발에 예쁜 감사카드를 붙여 생일을 맞은 직원 집으로 보내곤 했다. 한 직원은 생일날 내 방에 오더니, 이런 축하를 받은 적은 태어난 후 처음이라며 울먹이기도 했다. 이라크 전쟁터에서 2004년 1년을 내 차를 운전해준 이라크인 운전사는 내가 이라크를 떠난 후 이란에서 근무한다는 말을 듣고 테헤란까지 일부러 나를 찾아왔다. 그는 버스로 며칠을 산 넘고 사막 넘어 왔다고 했다. 감격의 상봉이었다. 그는 전쟁터에서 자기를 신뢰하고 채용해준 덕분에 가족과 함께 죽지 않고 살아남게 되었다며 연신 감사하다는 말을 반복했다. 그는 당시 저항세력의 테러공격이 난무하는 지뢰밭이나 다름없는 바그다드에서 내가 사고 없이 외교활동을 수행하도록 잘 도와주었다. 서로 건강하게 살아서 이라크 치안이 안정되면 만나기로 하고 헤어졌다.

(11) 고래도 잡는 공감외교

외교의 기능에 대해 여러 가지 견해가 있다. 토마스 베일리는 '외교는 제1차 방어선이다'고 말했고, 드루 미들턴은 '핵무기 시대 우리가 가지고 있는 유일한 기회다'고 말했다. 엘머 프리쉬케는 〈Modern Diplomacy〉에서 외교는 과학으로 또는 예술로 또는 기교로 또는 관행으로 또는 제도로 또는 과정 등으로 보여지기도 한다고 말하고 있다. 더프 쿠퍼 경은 '외교의 책무는 정책을 수행하는 것이고, 외교술은 그 정책을 수행하는 방식이다'고 말했다. 그 방식은 일선에서 외교관 간 접촉, 협의, 설득, 협상이 핵심이다.

외교의 목적에 대해 시각에 따라 다르게 보고 있다. 어떤 사람은 외교는 영향력이다, 어떤 사람은 외교는 소통이다, 어떤 사람은 외교는 조용한 힘이다, 어떤 사람은 외교는 거래다, 어떤 사람은 외교는 위험한 일을 하는 것이다,

어떤 사람은 외교는 인간을 돕는 것이다, 어떤 사람은 외교는 내교다 등 다양하게 언급되고 있다.

이런 일을 수행하는 외교관의 역할에 대해서 조지 케넌은 '정원사'로 묘사했고, 윌리엄 번즈는 〈The Back Channel〉에서 외교관을 '조기경보자'로, 상호관계의 '구축자 및 해결자'로, 정책의 '입안자, 추진자, 집행자'로, 재외국민 '보호자'로, 자국의 경제이익 '촉진자'로, 군사 정보 경제 문제의 '융합자'로, '조직자'로, '소집자'로, '협상자'로, '소통자'로, 그리고 '전략가'로 역할을 수행하기도 한다고 말하고 있다. 나는 내 경험상 이런 역할을 잘 수행하려면 외교관은 주재국의 영향력 있는 인사와 '접근access, 연결connection, 촉진facilitation'의 능력을 강조하고 싶다.

외교의 중요성은 아무리 강조해도 지나치지 않을 것이다. 미국은 두 대양을 끼고 있어서 안보에 큰 축복을 누린 반면, 영국은 '세력균형' 외교로 유럽 대륙의 강대국 간 균형을 이루도록 하는 외교를 통해 자국의 안보를 확보하고, 해외 진출에 전념할 수 있었다. 세계 역사를 바꾼 외교의 사례를 보면, 17세기 프랑스 레실리외 추기경의 '국가이성론raison d'état', 19세기 오스트리아 클레멘츠 폰 매테르니히의 '세력균형론balance of power', 19세기 프러시아 오토 폰 비스마르크의 '현실정치론realpolitik', 2차 대전 직후 소련 조셉 스탈린의 '바자외교론bazaar diplomacy', 2차 대전 직후 조지 케넌의 '봉쇄론containment', 1970년 대 헨리 키신저의 '삼각외교론triangular diplomacy' 등을 들 수 있겠다.

우리는 외교를 통해 대구가 아니라 고래를 잡아야 한다. 외교는 주재하는 나라와 우리나라 간 정치, 경제, 사회 및 문화 등 모든 면에서 연결해주고 교류와 협력을 촉진시키면서 어려움이 발생하면 마치 통역하듯이 두 나라 간 오해와 인식의 간극을 해소하는 등 관리해 나가는 과정이다. 연결자, 촉진자, 통역자의 역할을 수행하는데 주재국 사람들과 대면은 필수다. 코로나19 이후 인간의 활동이 비대면 또는 디지털화되고 있지만, 강대국 사이에서 우리의 안보를 지키면서, 자원 빈국으로 수출로 경제 발전을 이어가야 하는 우리의 외교는 오히려 대면 활동이 대폭 강화 되어야 한다. 만나는 것이 믿는 것이다. 비대면의 탁상외교는 생각할 수 없는 일이다. 공감은 대면에서 조성되며, 성공적 외교 수행에 열쇠다.

4. 공감과 소통이 일하고 싶은 기업을 만든다

배종태_ KAIST 교수

외국 속담에 "빨리 가려면 혼자 가고, 멀리 가려면 함께 가라"는 말이 있다. 이 말은 당면하는 환경이나 업무, 관계의 변동성이 크고 volatile 불확실하고 uncertain 복잡하고 complex, 모호한 ambiguous 이른바 뷰카(VUCA) 시대에 활동하고 있는 기업들에게도 그대로 적용된다. 경영진과 직원들이, 나아가 이해관계자들이 미래의 꿈과 목표를 향해 서로 힘을 합쳐 함께 나아가는 것이 매우 중요해졌기 때문이다.

지금까지의 한국의 급속한 경제성장은 우호적 국제무역환경, 활발한 기업가정신, 끊임없는 기술혁신과 생산성 향상, 효과적인 정부정책의 결과로 설명할 수 있다. '압축성장, 빨리빨리, 열정'이 그 중심에 있었다. 그러나 이제는 많은 것이 변했다. 기업의 사명도, 사업의 특성도, 사람의 마음도 달라졌다. 새로운 시대에는 새로운 관점이 필요하다. 이제는 '지속성장, 행복추구, 창의'가 새로운 키워드가 되고 있다.

(1) 기업가정신에 대한 새로운 접근 : 사람중심 기업가정신

기업가정신 entrepreneurship에 대한 이해도 더 깊어졌다. 기업가정신은 '새로운 기회를 포착하여, 위험을 감수하면서 기회 실현을 위해 도전하며, 혁신을 통해 가치를 창출하고 이를 나누는 사고방식 및 행동양식'이다. 그렇지만 그간의 기업가정신은 기업가 entrepreneur의 '사업' 추진과정에서 선제성 proactivity, 위험감수성 risk-taking, 혁신성 innovativeness만을 특히 강조해왔다. 사람은 이 과정 속에서 수단으로 간주되었고, 그 성과를 참여한 사람들에게 나누는 것으로만 인식되었다.

그러나 '지속성장, 행복추구, 창의'의 시대에는 사람이 수단이 아닌 목적이 되고, 직원들이 창조와 혁신의 주체가 되어야 기업이 경쟁력을 가지고 지속성장할 수 있게 되었다. 이른바 사업개발과 사람성장이 함께하는 사람중심 기업가정신humane entrepreneurship이 확산되고 있고, 사회적 문제해결과 사회적 가치 창출을 강조하는 사회적 기업가정신도 많은 관심을 끌고 있다. 이제는 기업이 사회적 책임을 다하면서 이해관계자와 소통해야 하고, 조직 내의 사람은 수단이 아닌 목적이고 답이 되는 시대가 되었다.

(2) 기업의 사명, 이익 극대화를 넘어
이해관계자의 행복 극대화로

한편 기업의 사명mission과 목적에 대한 논의도 활발해지고 있다. 2019년에 미국에서 있었던 '비즈니스 라운드테이블 2019' 선언은 이러한 논의에 정점을 찍었다. 오랫동안

'이익 극대화'를 기업의 사명으로 인식해왔던 이 모임에서 CEO들은 기업의 목적이 '이해관계자들과의 공동의 발전을 추구하는 것'이며, 기업은 '이해관계자 모두에게 가치를 창출해야 함'을 선언한 것이다. 여기에는 ① 고객을 위한 가치창출, ② 직원을 위한 투자, ③ 협력사와의 공정하고 윤리적인 거래, ④ 사회공동체에 대한 지원, ⑤ 주주를 위한 장기적 가치창출이 포함되었다.

이러한 변화의 시대에 경영학의 거두인 피터 드러커가 제시한 5가지 최고의 질문 five most important questions을 다시 떠올리게 된다. 리더가 늘 생각해 보고 답해야 할 질문이다.

Q1 : 우리의 사명 mission은 무엇인가?

Q2 : 우리의 고객 customer은 누구인가?

Q3 : 고객이 가치 있게 여기는 것 customer value은 무엇인가?

Q4 : 우리의 결과 results는 무엇인가?

Q5 : 우리의 계획 plan은 무엇인가?

그 첫째 질문은 기업의 사명에서부터 시작한다. 다시 말하면 기업의 목적 purpose을 정리하는 것, 다시 말하면 기업가가 왜 사업을 하는가를 정하고 그 꿈을 직원들과 공유하는 것을 첫째로 보았다.

(3) 기업가들은 왜 사업을 하는가?

그렇다면 기업가들은 왜 사업을 하는가? 무엇이 기업가로 하여금 여러 리스크를 무릅쓰고 도전하게 하는 것일까? 물론 이 질문에 대한 가장 본질적인 답은 기업가들이 사업을 통해서 보람을 느끼고 행복감을 느끼기 때문일 것이다. 그리고 그 보람과 행복감을 함께하는 사람들과 나누고 싶어서일 것이다. 기업가들이 사업을 하게 하는 구체적 이유는 다음 네 가지로 살펴볼 수 있다.

첫째 이유는 물론 돈을 벌고 자유freedom를 얻는 것이다. 기업의 이익은 이러한 리스크 감수에 대한 보상이다. 경제학자 홀리(Hawley)는 "Profit is a reward for risk taken in business"라고 말한다. 사업을 성공적으로 수행하게 되면 이익을 창출하고, 돈을 벌고, 이러한 경제적 성과를 통해서 자신이 하고 싶은 것을 더 할 수 있는 자유를 얻을 수 있다. 물론 돈을 벌고 더 많은 자유를 얻는 것이 사업을 하는 유일한 목적은 아니지만, 경제적 이익 추구는 사업을 하는 중요한 이유이다.

둘째, 기업가들은 현실의 어떤 불편이나 비효율, 불합

리, 고통 또는 채워지지 않는 무언가를 찾아 이 부족한 부분, 즉 문제에 대한 해결책을 찾아 더 나은 세상을 만들고자 노력하는 사람들이다. 이러한 문제해결을 통해 기업가들은 가치를 창출하고, 이러한 가치창출value creation 활동과 성과를 통해 삶이 더욱 의미가 있다고 느낀다.

셋째, 기업가들은 기업의 성장growth에서 큰 희열을 느낀다. 기업은 성장을 통해 고객들에게 더 큰 혜택을 주고 더 큰 영향력을 미친다. 이러한 성장의 경험은 기업가를 더 행복하게 한다. 물론 성장하는 기업을 만들기 위해서는 명확한 비전과 사업기회, 사업에 대한 확신과 실천력이 필요하다.

마지막으로, 기업가들은 나눔sharing을 통해서 진정한 행복을 느낀다. 내가 열심히 노력해서 일군 부(富)를 남을 위해서, 사회를 위해서 의미 있게, 가치 있게 쓴다는 것은 큰 기쁨을 준다. 대학 등에 큰 기부를 하신 기업가들의 회고에서도 나눔의 행복을 엿볼 수 있다.

자유와 행복을 꿈꾸고, 더 나은 세상을 만들려는 열망이 있고, 늘 성장하면서 고객들에게 더 많은 혜택을 주는 기업가들, 그리고 그 결과로 얻어진 부를 사회와 나누면서 진정한 행복을 느끼는 기업가들. 그들이 오늘의 우리 사회를 이끄는 주역들이다. 그리고 이러한 기업가들의 꿈과 진정성이 모든 조직 구성원들에게 공유되고 실행으로 나타날 때, 그 기업은 더 활력과 열정이 있고 혁신적이고 창의적인 조직으로 지속 발전할 수 있다.

(4) 혁신기업, 좋은 기업, 사람중심 기업

우리 사회도 점차 기업에게 더 많은 사회적 기여를 요구한다. 최근 대두되고 있는 ESG(환경, 사회, 지배구조) 경영에 대한 요구는 이러한 추세를 반영한다. 이제 기업가들은 혁신을 통해 경쟁력을 키우는 것만으로는 충분하지 않음을 인식하기 시작했다. 이제는 혁신기업을 넘어 좋은 기업, 존경받는 기업, 일하고 싶은 기업, 사람중심 기업이 되어야 한다.

최근 여러 소통 매체들을 통해서나 기업가들을 만날 때면 좋은 기업, 착한 기업, 창조와 배려의 리더십 등 예전에 기업가들로부터 듣기 어려웠던 말들을 많이 듣게 된다.그만큼 기업의 역할과 영향력을 바라보는 고객들과 우리 사회의 기대가 많이 바뀌었고, 기업가들이 사업과 세상을 보는 관점이 변하고 있음을 보여준다.

기업이 이익 창출을 목표로 하는 것은 기본이지만, 이를 넘어 지속적으로 고객들의 사랑을 받고 직원들이 일하고 싶어하는 기업이 되려면, 먼저 진정으로 고객들이 불편해하는 문제를 찾아 해결해서 가치를 제공해야 하고, 이를 통해 고객들의 습관이나 생활방식까지 더 좋게 바꿀 수 있어야 하고, 나아가 더 나은 세상을 만드는데 기여해야 한다. 미국 마케팅학회에서 발간하는 저명 학술지인 〈마케팅 저널〉에서는 특집호의 주제를 '더 나은 세상을 위한 더 좋은 마케팅 Better Marketing for a Better World, BMBW'으로 정해 이에 관한 논문들을 발표하기도 했다. 세상이 더 좋은 방향으로 바뀌어 가고 있다.

과거에는 기업이 사회의 문제를 해결하고 사회적 가치를 많이 제공하려면 기업의 이익과 경제적 가치를 희생해야 된다는 생각이 지배적이었고, 경제적 가치창출과 사회적 가치창출은 서로 양립할 수 없는 것으로 여겨졌다. 과거에는 또 그러한 상황과 그렇게 생각하게 된 배경이 있었다. 물론 단기적 관점에서만 보면 경제적 이익과 사회적 기여는 서로 상쇄관계$^{trade-off}$일 경우가 많다. 기업 이익의 일부를 떼어내서 사회에 기여한다는 전통적 방식은 이런 생각을 당연하게 만들었다. 그러나 중장기적으로 보면 경제적 가치창출과 사회적 가치창출이 서로 선순환을 일으켜 상승관계가 될 경우도 많다. 사회의 문제를 해결하고자 하는 노력이 결국 이익 창출과 기업 성장으로 이어진다.

아울러 과거에는 소셜미디어 등 소통 수단이나 인공지능 등 기술의 발전이 미흡하여 기업의 진정성이나 고객의 속마음을 알기가 어려웠지만 이제는 스마트폰이 주도하는 세상에서 고객들은 진정 고객을 돕고 싶어하는 좋은 기업과 고객으로부터 더 많은 이익을 얻어내는 데만 관심이 있는 진정성이 없는 기업을 더 잘 구별할 수 있게 되었다. 더 투명해진 사회가 더 많은 좋은 기업을 만든다.

(5) 공감과 소통이 있는 기업

우리 사회를 구성하는 모든 관계의 핵심이 '가정'에 있는 것처럼, 자본주의 체제 하에서 시장경제의 핵심은 '기업'이다. 기업의 사명, 기업가, 기업의 사회적 책임, 좋은 기업, 혁신 활동 등 모든 이슈의 바탕은 기업과 사람, 또는 기업가와 함께 하는 직원들이다. 특히 기업가와 직원의 관계, 함께 꿈을 꾸고 꿈을 공유하는 관계, 기업의 발전을 위해 헌신하는 사람들, 기업의 성과를 직원들과 나누고 직원의 성장을 지원하는 기업. 이 모든 것의 출발점은 바로 공감empathy과 소통이다.

CEO가 공감을 통해, 함께 꿈을 꾸고 함께 미래를 바라보고 함께 성장해 간다면 이 기업의 미래는 밝을 것이다. 공감과 소통, 공정을 바탕으로 직원들에게 권한을 위임하여 힘을 실어주고, 직원들이 스스로 더욱 성장할 수 있도록 기회를 주고 역량을 키워주는 기업, 그리고 구성원들이 책임 맡은 일에 열정적으로 주도적으로 참여하는 기업 문화가 정착된 회사가 좋은 기업이고, 일하고 싶은 기업이다. 공감 리더십은 이제 21세기 리더십의 핵심적인 방식이다.

진정성 있는 공감 리더십이 이끄는 조직은 더 나은 미래가 만든다. 직원들을 행복하게 하고, 고객들을 웃도록 만들고, 사회를 위해 가치를 창출한다. 혁신·창의의 앞바퀴와 소통·공감의 뒷바퀴가 함께 균형을 유지하는 기업이 미래 기업이다. 기업에서 공감 운동이 활발히 일어나고, 공감이 단순한 마음가짐이 아닌 기업경영의 실천전략으로 자리매김하기를 바란다.

3장
사람 중심의 기업가정신

• • •

기업가가 세상을 보는 눈은 위기를 보는 눈과 기회를 보는 눈이다. 위기를 보는 눈은 변화의 에너지를 만들며 기회를 보는 눈은 변화의 방향을 만들 수 있다. 결국 '위기-도전-기회-혁신'의 선순환을 만들어 내야 한다. 혁신은 세상을 바꾼다. 혁신으로 세상의 문제를 풀어내는 것이 기업가의 사명이다.

1. 일하고 싶은 기업의 혁신효과

김기찬_ 가톨릭대 교수

(1) 업무 몰입도와 혁신

직장인들의 회사 출근율은 몇 % 정도가 될까? 아마 대체로 회사는 출근율이 90% 이상일 것이다. 하지만 그 90% 이상 출근한 직원들 가운데 몸뿐만 아니라 마음까지 온전히 출근한 직원의 비율이 과연 몇 % 정도가 될까?

2013년 갤럽에서 142개국의 23만 명을 대상으로 설문조사를 했다. 이 중 몸과 마음이 함께 출근한 직원의 비율은 평균 13%였다. 하지만 24%의 사람은 보너스를 준다 해도 불만을 표출하는 사람들이었다. 대부분 회사는 13%의 직원이 아닌 24%를 관리하다 지치고 만다. 업무 몰입도는 전 세계 평균이 23%다. 그런데 중국은 전 세계 평균보다 낮았다. 반면 미국은 굉장히 높았다. 미국의 아마존이나 마이크로소프트 같은 회사의 업무 몰입도는 굉장히 높다. 만약 마이크로소프트에 다니는 사람에게 업무 시간에 문자를 보내면 바로 답장을 받을 수 없다. 12시 점심시간이 되어야 답장을 받는 게 가능할 것이다. 실제로 미국은 업무 몰입도가 약 30% 정도이다. 물론 지멘스와 같은 경우는 만족도가 30% 정도로 굉장히 높다.

혁신에 성공하는 회사는 두 가지다. 꿈을 주고 공감을 주는 회사다. 이 두 가지가 이루어진 회사는 몸과 마음이 함께 출근하는 직원들의 비율이 높다. 호모 사피엔스가 유일하게 살아남을 수 있었던 이유는 협력 때문이라고 했다. 혼자는 아무리 강해도 성공하기 어렵고 함께 하면 성공할 가능성이 많다. 그런데 이 협력은 공감이 있을 때 일어난다. 여기에 답이 있다. 혁신하는 기업은 기업의 꿈이 있고, 거기에 공감하는 직원들이 협력해 얻어낸 산출물이 바로 혁신이기 때문이다.

(2) 공감의 리더십

미국 대통령들 중에서 가장 존경받는 대통령으로 꼽히는 링컨이 행한 리더십이 바로 공감의 리더십이다. 그렇다면 이 '공감'의 반대말은 무엇일까?

애덤 스미스[Adam Smith]의 《도덕감정론》 제1장에 'Sympathy'라는 말이 나온다. 이 단어를 '공감'이라고 많이 번역한다. 하지만 링컨은 이것을 'Empathy'와 'Sympathy(동정, 동조)'로 구분했다. 공감을 뜻하는 'Empathy'는 나와 함께 하는 사람이, 동정을 뜻하는 'Sympathy'는 나와 정치적으로는 함께할 수 없지만 이 사람을 내쫓지는 말라는 뜻이었다. 이를 'Tolerance(아량)'라고 불렀다. 이 'Empathy and Sympathy'가 사실 링컨 리더십의 핵심이다. 그래서 이 존경 받는 사람 밑에 있는 사람들은 다 협력을 했다.

또 다른 존경받는 인물로는 마틴 루터 킹 목사가 있다. 그의 유명한 말 가운데 'I have a dream'이 있다. 인생이란 언제 시작하는 것일까? 누군가의 인생은 꿈을 꿀 때 시작하는 거라고 생각한다. 꿈이 없는 사람이 무언가 하기는 쉽지 않다. 그런 사람에게는 출근을 하는 것도 쉬운 일이 아니다. 킹 목사가 꿈이 아닌 계획을 말했다면, 수많은 사람이 그를 존경하고 그 뒤를 쫓지는 않았을 것이다. 그의 꿈에 감동받아 쫓으면서 그 꿈이 자신의 꿈이 되었던 것이다.

인간을 표현하는 단어 가운데 호모는 속명이다. 그 뒤에 흔히 붙는 '-cus'는 뭔가에 몰입한다는 뜻이다. 돈 계산을 잘해서 살아남는 사람을 호모 이코노미쿠스(Homo Economyus)라고 한다. 그래서 경제와 경영학의 가설은 호모 이코노미쿠스였다. 돈 있는 사람이 돈을 쓴다.

마케팅에는 항상 세 가지 자원이 필요하다. 돈, 시간 그리고 에너지가 그것이다. 인간이 활동하는 데는 이 세 가지가 다 필요하다. 하지만 항상 균등하게 나눠져 있는 건 아니다. 20대는 돈이 없어도 에너지가 있기 때문에 발품을 많이 팔아 소비를 할 수 있다. 대체로 40대가 되면 돈은 있는데 시간이 없고, 70대가 넘으면 돈이나 시간은 있지만 에너지가 부족하다. 우리의 인생은 결국 이 세 가지를 적당히 나눠 쓰며 사는 것이었다. 그래서 과거의 경제학은 자원의 지배를 받는다는 자원결정론이었다. 돈은 있는 사람은 많이 쓸 거라고 생각했다. 하지만 막상 현실은 꼭 그렇지 않다. 돈 있는 사람들이 꼭 돈을 많이 쓰는 것이 아니라는 점이다. 꿈이 있는 사람은 돈이 없어도 돈을 쓴다.

노벨 경제학상은 대체로 경제학자들이 받는다. 그런데 노벨 경제학상 수상자 중에 두 번의 이변이 일어난 경우가 있었다. 한 번은 1978년 허버트 사이먼(Herbert Alexander Simon)이, 또 한 번은 2002년도에 대니얼 카너먼(Daniel Kahneman)이라는 심리학자가 노벨 경제학상을 받은 것이다. 이 중 카너먼의 이야기를 해보자. 카너먼이 노벨상을 수상한 2002년을 기점으로 해서 경제학과 경영학은 완전히 달라졌다. 자원의 지배를 받는 호모 이코노미쿠스에서 사람의 지배를 받는, 사람으로부터 영향을 받는 호모 엠파티쿠스로 바뀐 것이다.

(3) 킹덤과 팬덤

컴퍼니company는 회사를 뜻하지만 사람이란 뜻도 있다. 좋은 컴퍼니가 좋은 컴퍼니를 만든다. 컴퍼니의 스페인어는 꼼파니아compania다. 이 꼼파니아를 라틴어로 분해하면, 세 단어로 구성되어 있다. 꼼com은 together로 함께 하는 사람을 뜻하고, 빵pan은 우리 말 빵 즉 비전을 말한다. 나머지 이아ia는 라틴어로 콜렉티브 그룹, 즉 공동체를 뜻한다. 그래서 컴퍼니인 꼼파니아는 3가지 DNA를 가지고 있어야 한다. 즉 함께의 DNA, 협력collaboration의 DNA 그리고 비전의 DNA가 있어야 한다.

성공하는 사람과 성공하는 회사와 성공하는 조직에는 항상 이 세 가지가 있어야 한다. 비전은 꿈이다. 꿈을 주는 사람이 지도자가 되어야 한다. 하지만 혼자 꾸는 꿈은 소용이 없다. 혼자 꾸면 그냥 꿈에 머물고 만다. 꿈은 함께 해야 현실이 되는 것이다. 이렇게 함께 만들어나가는 것이 중요하다. 그래서 호모 이코노미쿠스에 덧붙이고 싶은 것이 바로 호모 꼼파니아쿠스다. 협력할 수 있어야 하고, 꿈을 줄 수 있어야 한다. 그리고 그것을 가지고 서로 공동체를 만들고, 공유할 수 있어야 혁신이 성공할 수 있다.

CEO가 생각하는 자사의 만족도와 실제 만족도 사이에는 큰 차이가 있다. 특히 중소기업인 경우, CEO는 만족도를 50% 정도로 예측하지만 대체로 20%가 되기도 힘들다. 중소기업에서 만족도가 20%가 넘는다면 굉장히 좋은 회사다. 그런 회사의 매출액 대비 영업이익률은 높을 것이다.

세상 사람이 살아가는 방법에는 두 가지가 있다. 무슨 말을 해도 듣지 않는 사람까지 조정하려는 리더십을 킹덤 리더십이라 부른다. 말을 듣지 않는 사람에게 억지로 일을 시키려 하고, 그 사람들을 구조조정하려 하고, 매일 노조와 싸워서 이겼다고 하지만 일을 하는 건 그 사람들이다. 하지만 몸과 마음이 함께 출근하는 13% 사람들과 일을 하면 협력은 저절로 이루어진다. 성공한 회사들은 그런 사람들의 비율을 높이려고 하는데, 그런 비율을 팬덤이라고 한다.

팬덤은 팬의 공감에 의해서 만들어진 왕국이다. 아카데미를 수상한 영화 〈기생충〉에도 팬덤이 있고, 한국어로 노래를 부르는 BTS에게도 전 세계에 걸친 팬덤이 있다. 팬덤은 스스로 모든 것을 한다. 누가 시키지 않아도 대사나 가사를 번역해 올리고, 리트윗으로 모든 것을 퍼 나른다.

이는 BTS의 노래가 그들에게 공감을 일으켰기 때문이다. 공감하기 때문에 스스로 동참한다. 이것이 전 세계를 열광시킨 BTS의 힘이 되었다. 이것은 팬덤일까, 킹덤일까?

지금까지 우리는 좋은 회사를 만들기 위해 명령하고 구조조정 잘 하는 지도자를 훌륭하다고 생각했다. 하지만 정말 훌륭한 지도자는 몸과 마음이 함께 출근한 13%의 사람들을 20%까지 올리는 지도자다. 혁신은 바로 그들이 하기 때문이다. 피터 드러커의 책을 보면, 회사에는 미션이 있어야 한다고 했다. 미션은 회사의 존재 이유다. 존재할 이유가 없는 회사가 존재해 돈을 번다면 그것만큼 세상에 해악을 끼치는 것은 없다. 기업이라는 건 세금 공장과 같다. 세금을 충분히 만들어 내려면 회사에는 미션 있어야 한다. 벽돌공에게 무엇을 하고 있냐고 물으면 89%가 벽돌 쌓고 있다고 답한다. 스스로 성전을 쌓고 있다고 답하는 사람은 11% 정도다. 결국 성전을 만들어 내는 건 11%의 사람들이다.

미국 중소기업 및 기업가정신 학회장을 역임했던 뱁슨 대학Babson College의 하디 교수는 강의를 잘하기로 손꼽힌다.

하디 교수의 강연 중에 벼룩 이야기가 있다. 벼룩은 자기 몸길이의 100배, 200배까지 뛸 수 있다. 하지만 병 속에 넣고 뚜껑을 닫아 놓으면 몇 번 뛰어보다 '아, 여기서 막히는구나' 라고 생각한다. 그래서 막상 뚜껑을 없애도 그 이상 뛰지 못한다. 하디 교수가 하려는 말은 벼룩처럼 사람 역시 엄청난 능력을 가졌어도 그 능력이 제한되고 통제되면 스스로 할 수 없다고 생각한다는 것이다. 그러니 잘한다고 격려해주면 스스로 다시 뛸 수 있게 되고, 열심히 하게 된다.

미국에서 성과를 잘 내고 성공한 회사를 분석해본 결과 가장 핵심 키워드가 바로 공감이었다고 한다. 그래서 리더십의 유형 가운데 가장 중요한 것이 공감이다. 사실 리더십의 성과가 좋으려면 의사결정, 코칭, 몰입력, 기획력 등이 좋아야 한다. 이걸 잘 이끌어내는 방법이 열린 자세, 동의해주기, 존중해 주기 등인데, 이 중 가장 중요한 것이 바로 공감이다.

스탠퍼드대학교의 제프리 페퍼Jeffrey Pfeffer 교수는 '무능한 사원도 춤추게 하라, 모든 것은 팀워크에 달려 있으며, 무능한 사원은 지금 그 일에 무능한 것이지 모든 것에 다 무능한 것은 아니다' 등을 이야기했다. 미술을 못하는 사람은 미술만 못하는 것이다. 그가 음악을 잘할 수도 있고, 글쓰기를 잘할 수도 있다. 그가 잘하는 걸 할 수 있게 해줘야 한다고 말한다. 이제 기업은 그야말로 사람 중심이 되어야 한다.

(4) 호모 이코노미쿠스와 호모 엠파티쿠스

그렇다면 평범한 사람들이 비범한 성과를 낼 수 있도록 만드는 방법이 무엇일까?

보통 회사에서 열리는 회의에서는 강점보다 약점을 먼저 이야기한다. 지금 회사의 문제는 이런 것이다로 시작한다. 그런데 그러다 보니 문제에 대해서만 이야기하다가 회의가 끝나는 경우가 많다는 것이다. 회의 결과는 아무런 성과가 없다. 드러커는 회의를 하면 70분 동안 강점만 이야기하고, 마지막 30분 동안 약점 이야기를 한다. 그러면 사람들이 스스로 고쳐야 할 부분을 찾는다. 그렇게 약점이 고쳐지게 된다. 이런 드러커식 경영학의 강점은 평범한 사람이 비범한 성과를 낼 수 있도록 도와주는 것이다. 그렇다고 대단한 방식이 활용된 것은 아니다. 단지 강점을 관리하는 것이다.

드러커는 경쟁보다는 협력을 강조했다. 그러고는 행동하지 않는 사람을 최악이라고 평했다. 사실 드러커는 스스로를 학자라고 부르지 않고 실천가라고 불렀다. 행동하지 않고 실천하지 않으면 경영학에서 아무 의미가 없다. 조직은 천재가 만들어 가는 게 아니라 평범한 사람이 만들어 가는 것이다.

공감하는 기업에서는 사람들의 3가지 DNA가 활성화된다. 함께, 협력 그리고 비전의 DNA로 기업이 만들어진다. 피터 드러커는 평범한 사람들이 비범한 성과가 나오도록 만들어 주는 게 경영이고 조직이고 리더십이라고 했다.

경영학계는 2개의 은하계가 존재하고 있다고 생각한다. 하나는 리더십을 연구하는 사람이고, 또 하나는 기업가정신을 연구하는 사람이다. 사실 이 둘의 관계는 물과 기름 같은 관계다. 그래서 이 2개의 은하계가 완전히 별도의 세상을 만들어내고 있다고 생각한다. 리더십을 연구하는 사람은 사람의 만족에는 관심이 있지만 기업의 성과에는 관심이 없다. 하지만 기업가정신을 연구하는 사람은 기업의 성과에는 관심이 있지만 사람에게는 관심이 없다. 이처럼 서로 다르게 존재하는 두 은하계에 어떻게 연결하는 다리를 놓을 수 있을까에서 나의 연구는 시작되었다.

　기업의 위기는 변수일까, 상수일까? 사실 기업에 위기가 아닌 적은 잘 없다. 그러니 기업에 있어 위기는 변수가 아닌 상수로 작용한다. 언제나 위기라는 뜻이다. 반면, 사람은 변수다. 사람이 가진 능력은 0부터 100까지로 그 사람을 어떻게 쓰느냐에 따라 뿜어져 나오는 능력도 다르기 때문이다. 어떤 능력을 표출하느냐에 따라 위기를 새로운 기회로 만든 낼 수도 있고, 그 위기가 끝이 될 수도 있다. 즉 기업은 전략보다 문화가 중요하다. 무조건 사람이 중요하다는 뜻이다.

　이 책을 읽는 여러분은 호모 이코노미쿠스와 호모 엠파티쿠스가 있다면 어떤 타입으로 살아가고 싶은가? 호모 엠파티쿠스를 가장 먼저 사용한 사람은 제레미 리프킨이다. '역사를 움직이는 가장 강력한 에너지는 공감이다.' 그는 자신의 저서 《공감의 시대 The Empathic Civilization》에서 역사를 움직이는 가장 강력한 에너지는 명령이 아니라 공감이라고 했다. 10만 년 전 가장 먼저 직립에 성공했던 호모 에렉

투스는 싸움에는 뛰어났을지 몰라도 협력하고 공감하는 힘이 없었기 때문에 인류 역사에서 사라졌다. 협력이란 호랑이가 공격해 오는 것을 대비해 보초를 서야 할 때 번갈아가면서 보초를 서는 것이다. 믿지 못한다면 둘 다 보초를 서거나 둘 다 잠을 자야 하는데, 둘 중 어느 것도 제대로 살아갈 수 없다. 협력을 할 수 있는 인간은 친구와 협력하기 때문에 스스로 지켜낼 수 있는 것이다.

2002년도 노벨 경제학상 수상자를 대니얼 카너먼으로 결정할 때 이변을 만들었던 질문이 있다. 바로 '웃음이 아름다운가?'라는 질문이다. '웃음은 아름답다'라고 대부분 생각한다. 분명 대부분 그렇게 생각하고 그렇게 믿는다. 그렇다고 절대 변하지 않는 진리일까? 나에게 너무 미운 사람이 있다. 그가 내 앞에서 환하게 웃는다면 그 웃음도 아름다울까? 아니다. 미운 사람의 웃음은 결코 아름다울 수 없다. 그래서 똑같은 웃음이라도 느낌은 다르다. 웃음은 절대적일까, 상대적일까? 이것이 왜 그런가에 대한 답을 구하는 과정에서 전통경제학의 자원 의존적 관점이 깨지고 행동주의 경제학이 뜨게 되는 것이다. 이때 경제학에서 사람이 자원의 지배를 받고 합리적, 논리적으로 스스로 설득

당한다는 호모 이코노미쿠스의 가설이 깨지게 된다.

누군가를 설득할 때 논리는 어느 정도의 영향을 미칠까? 마케팅은 그 영향력을 10%로 본다. 1980년까지만 해도 마케팅은 프러덕트 디벨롭먼트Product Development가 전부였다. 즉 제품 개발을 잘 하는 게 마케팅이었다는 의미다. 이 시대를 마케팅 1.0이라고 한다. 그러다 마케팅도 발전하면서 마케팅 2.0 시대로 옮겨갔다. 마케팅 2.0은 고객 만족을 시켜주면 마케팅이다. 그런데 이상한 것은 분명 고객 만족을 시켰는데도 아무 소용이 없었다는 점이다. 브랜드는 판매에 굉장히 많은 영향력을 미친다. 여행을 다닐 때 묵는 호텔을 예를 들어보자. 여행을 다닐 때 좋아하는 브랜드의 호텔에 가는 경우는 몇 번이나 될까? 내가 힐튼 호텔을 선호한다고 해서 여행 때마다 힐튼을 선택하는 건 아니다. 100번을 간다면 그중 내가 선호하는 호텔을 선택하는 경우는 8%밖에 되지 않는다. 결국 고객 만족의 성과는 8%라는 뜻이다. 그렇다면 나머지 92%는 무엇일까? 영향을 받는 또 다른 변수다. 그래서 마케팅은 3.0은 마케팅 4.0으로 진화했다.

이제 이 가설을 검증해보자. 호모 엠파티쿠스에서 가장 강조하는 것은 꿈이다. 우리는 살면서 언제까지 교육을 받는지를 생각해보면 대체로 30대에서 멈춘다는 것을 알 수 있다. 따라서 대한민국은 30대까지 성장하고 교육이 멈추는 40대부터 늙기 시작한다. 물론 40대 이후 교육이 전혀 없는 것은 아니다. 공교육은 아니지만 훌륭한 사교육은 있다. 하지만 개별적으로 시간을 내서 교육을 받을 수 있는 사람은 그렇게 많지 않다. 1%가 안 될 수 있다. 하지만 독일이나 유럽 등지의 선진국들은 20대 대학 진학률이 25%밖에 되지 않는다. 그런데 독일 같은 경우에 60대가 되어서 대학 교육을 받은 비율이 60~70%가 된다. 즉 30대를 지나 40대, 50대에도 교육을 받는다는 의미다.

이에 비해 우리나라는 일단 취업에 성공한 이후에는 새로운 직무 교육을 받기보다 그대로 관리자에 머문다. 소속된 회사에서 단계에 맞는 승진을 하다 결국 그렇게 나이가 든다. 사회는 급속하게 변하는데, 더 이상 아무 교육을 받지 않은 채 나이 드는 것이다. 사실 좋은 회사는 교육을 많이 시키고, 좋은 꿈을 키워주고, 권한을 위양해주는 곳이다.

다음은 스탠퍼드대학의 베른과 해남 교수가 7년 동안

실리콘밸리에서 했던 프로젝트로 미국 〈캘리포니아 매니지먼트 리뷰〉에 실렸던 이야기다. 이 이야기의 핵심은 돈으로 인센티브를 주는 회사, 사람으로 인센티브 주는 회사, 기술로 인센티브 주는 회사, 이렇게 세 가지 회사 가운데 어느 회사가 가장 성과가 좋은가였다. 이때 생존가능성이 제일 높은 회사는 사람 중심 회사고, 가장 우수한 성과를 가져온 회사 역시 사람 중심 회사였다. 이런 회사들이 나타나면서 자본주의도 바뀌고 있다. 이제는 기업의 목적이 주주만을 위한 자본주의에서 스테이크홀더 캐피탈리즘으로 달라져야 한다는 의미다.

(5) 기업의 위기를 극복하는 자세

자본주의를 이야기하기 전에 미국 이야기를 짚고 넘어가야 할 것 같다. 새로운 개척지로 시작한 미국의 역사는 그야말로 성장의 역사라고 할 수 있다. 그랬던 미국이 힘들었던 시기가 있다. 바로 1975년 오일쇼크가 일어나면서다. 지금부터 하려는 이야기가 바로 이 1975년 오일 쇼크 이후 미국을 살리려 했던 4명의 기업치료사에 대한 것이다.

미국은 프레드릭 테일러$^{Frederick\ Taylor}$의 과학적 관리법에 근거해 일을 시킨다. 즉 시스템에 의해 일을 시킨다는 뜻이다. 그래서 일이 재미없다. 이걸 무너뜨린 것이 오일쇼크 사태였다. 1975년 시작된 중동전쟁으로 오일쇼크가 발생했고, 미국 물건이 더 이상 팔리지 않게 되었다. 기업은 흔들렸고, 일자리가 사라졌다. GM조차 위기에 봉착했다. 미국을 살리는 데는 두 가지 문제가 있었다. 하나는 외부적인 오일 위기였고, 다른 하나는 내부적인 기업 내부의 경영 위기였다.

이 상황을 극복하기 위해 맥킨지가 앞장섰다. 여기에는 4명의 학자가 투입되었다. 스탠퍼드 대학에서 박사 학위를 받고 맥킨지에 합류했던 톰 피터스$^{Tom\ Peters}$와 컨설턴트였던 로버트 워터먼$^{Robert\ Waterman}$이 주축이 되어, 스탠퍼드 대학교의 리처드 파스케일$^{Richard\ Pascale}$ 교수와 하버드 비즈니스스쿨의 안소니 아토스$^{Anthony\ Athus}$ 교수의 도움을 받았다. 이들이 개발한 7S 모델은 경영시스템을 진단하고 대책을 수립하는 데 유용한 분석 기법이다. 7S 모델은 전략보다는 공유가치에 더 중점을 둔다. 공유가치를 살리고 문화를 살리는 게 전략을 살리는 것보다 훨씬 더 중요하다는 말이다. 그런데 이 프로젝트를 주도한 맥킨지는 원래 전략을 가르치는 회사였다. 전략을 컨설팅하는 회사에서 주도한 결과물이 전략보다 문화가 중요하다고 하니 문제가 생길 수밖에 없었다.

당시 미국의 가장 큰 문제 가운데 하나가 대표적 자동차 회사였던 GM과 도요타였다. 경기가 어려워지면서 GM자동차는 성과가 나빠졌는데, 도요타는 성과가 계속 좋았던 것이다. 학자들 4명의 고민은 여기서 시작되었다. 그렇게 시작되었던 고민의 답으로 내놓은 것이 바로 7S 모델이었다. 이 모델을 바탕으로 저자가 각기 다른 두 권의 책이 출판되었다. 하나는 하버드대학 교수와 스탠포드 대학 교수 두 명이 쓴 책으로 1981년에 세상에 나왔다. 하지만 이 책이 담고 있는 의미는 대단했지만 매출에서는 참담하게 실패하고 만다. 1년 후 피터스와 워터먼은 《초우량 기업의 조건 in search of excellece》이라는 책을 출판한다. 이 책은 먼저 출간된 책과 달리 2002년 블룸즈버리 출판사가 실시한 여론조사에서 '역대 최고의 경영서'라는 평가를 받을 정도로 크게 성공했다. 이 책은 말 그대로 100년의 역사를 두고 지금까지 가장 성공한 경영학 책이다. 이 책은 미국 경영학의 역사를 바꾸었다. 이때부터 사람이 기계보다 더 중요하게 된 것이다.

그렇다면 아시아는 어땠을까? 아시아 역시 자본이 아닌 사람 중심으로 옮겨갔다. 일본의 사카모토 코우지坂本光司 교수를 주축으로 만들어진 단체인〈사람을 소중히 하는 경영학회〉에서 출간한《일본에서 가장 소중히 하고 싶은 회사》는 베스트셀러가 되었다. 호세이 대학에서 코우지 교수가 이끄는 그룹의 연구를 바탕으로 쓴 책으로, 일본의 중소기업 가운데 약 10%가 지난 20~30년 동안의 불황과 관계없이 수익을 내는 회사가 있는데, 그 수익을 내는 회사의 특징이 무엇인지를 분석한 책이다. 이 책 역시 사람 중심 기업에 대한 이야기를 담았다.

이제는 이런 사례들의 결과가 다양하게 연구 발표되고 있다. 드러커의 경영 연구소에서 지표를 만들어서〈월스트리트저널〉에 발표한 결과 역시 마찬가지였다.〈하버드비즈니스리뷰〉에서 매년 하는 빅아이디어 프레젠테이션에서도 2019년도에 주주보다는 직원들과의 공감이 훨씬 더 중요하다는 것을 발표하기도 했다.

(6) 사람 중심의 기업가정신

사람들의 이야기는 세 가지 벡터로 표시할 수 있다. 먼저 방향이 있어야 하고, 크기가 있어야 하며, 작용점 있어야 한다. 여기서 작용점은 항상 사람이다. 그렇다면 방향은 무엇일까? 바로 꿈과 공간이다. 경영학에서 좋은 기업은 방향과 힘만 있으면 되었다. 마치 자동차가 잘 굴러 가려면 가려는 방향과 엔진의 힘만 있으면 되는 것과 같다. 그런데 이때 방향은 없는데 엔진의 힘만 크면 어떻게 될까? 방향은 잘못됐는데 성과는 높은 경우로 파시즘이 이렇게 된다. 반대로 가려는 방향은 있지만 힘이 너무 약하면 어떻게 될까? 아무 일도 일어나지 않는다.

우리는 어떤가? 한국은 2000년에 1인당 국민소득이 2만 달러가 되면서 사회적으로 배고픔이 사라졌다. 그때부터 기업가정신이 문제가 되었다. 기업가정신은 새로운 것을 빨리 하는 것이라고 볼 수 있다. 그렇다면 기업가정신의 반대말은 무엇일까? 바로 고정관념이다. 우리 사회는 대부분 기업에 관리자가 넘쳐난다. 생산관리, 인사관리, 재무관리 등등 그러다 보니 경쟁력이 떨어지게 되었다.

사람은 급할 때와 재미있을 때 이 두 경우에만 빨리한다. 그렇다면 일을 재미있게 하는 방법이 없을까 생각해보게 된다. 재미있게 하다 보면 혁신은 저절로 된다. 재미있게 일하려면 어떻게 해야 할까? 그러려면 세 가지를 주면 된다. 첫 번째는 꿈을 주고 그 꿈에 공감하게 하라. 두 번째는 권한을 줘라. 세 번째는 그 사람이 원하는 실력을 키워줘라. 그래서 나이 들수록 고수가 되도록 만들어 줘라. 이 세 가지가 충족되면 재미있게 일하는 게 가능하다.

혁신을 하는 회사가 아니라 혁신이 저절로 되는 회사를 만들 수 없을까? 혁신을 저절로 되려면 몸과 마음이 함께 출근하는 직원의 비율이 높아야 한다. 그러려면 기업이 꿈이 있어야 하고 직원들이 그 꿈에 동참해서 기업을 이끌어나가야 한다. 그 비결이 호모 엠파티쿠스에 있다.

기업가정신보다도 더 중요한 것은 바로 사람 중심 기업가정신이다. 앞으로 가장 중요한 것은 공감임을 명심하라.

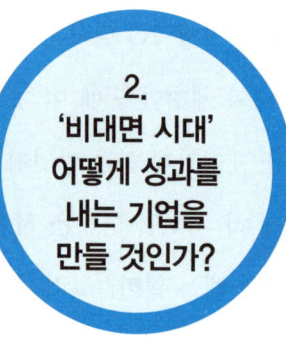

2. '비대면 시대' 어떻게 성과를 내는 기업을 만들 것인가?

김기찬_ 가톨릭대 교수

　배움이 적었던 과거에는 높은 학력의 역량 있는 인재 발굴이 중요했다. 그러나 일상이 배움이 된 스마트 시기에는 역량보다 어떻게 직원들의 몰입을 이끌어내는가 하는 것이 중요하다. 어떻게 몰입을 올릴 것인가?
　다음 중 여러분의 조직은 어느 단계인가?

몰입 1단계: 강점탐구 단계

피터 드러커의 리더십이란 조직의 강점을 잘 정렬함으로써, 결국 조직의 약점들이 별로 문제가 되지 않게 하는 것이다. 직원들이 모두 동일한 능력을 가지고 있다면 아무 소용이 없다. 다양한 능력들이 모여 시너지를 만드는 것이 조직이다. 각자의 약점을 보완하는 것이 아니라 각자의 강점을 조합하는 것이 중요하다. 이때 최고의 툴은 AI다. 이를 위해서 피터 드러커식 회의를 추천한다. 회의란 직원의 강점을 발견하고 그 강점을 공유하는 시간이다. 회의를 시작할 때는 강점을 70% 정도 공유하고, 약점은 30% 정도 공유하는 것이 좋다. 그러면 약점을 보완하는 강점을 발견할 수 있다.

몰입 2단계: 다자생존 단계

직장 내에서 우정을 나누는 절친한 동료가 있는가? 조직에서는 서로 우정을 나누고 협력할 수 있는 사람이 더 진화할 수 있다. 심리적 안전을 가진 구성원들이 활발히 교류할수록 조직의 성과는 좋아진다. 그래서 협력이 있는 조직이 더 큰 성과를 만든다.

조직 협력을 위해서는 각자가 도생하는 적자생존Survival of the Fittest보다 함께 생존하는 다자생존Survival of the Friendliest의 진화법칙이 중요하다. 다자생존은 가장 다정한 종이 생존한다는 가설이다. 다자생존 가설에서 진화에 가장 중요한 전략은 우정과 협력이 있는 조직을 만드는 것이다. 조직에서 우정을 나눌 줄 알고 협력하는 능력이 뛰어난 종이 결국 오랜 시간에 걸쳐 살아남는다.

브라이언 헤어와 바네사 우즈가 가장 대표적으로 내세우는 예는 '개'다. 개는 늑대의 가까운 친척이다. 개는 인간과 함께 지내며 오랜 시간에 걸쳐 행동과 외양 등을 바꿔왔다. 혼자 사냥해서 살아가는 늑대보다 인간과 의지하며 협력해온 늑대의 일부 집단인 개가 늑대의 개체수를 능가하게 됐다. 오늘날 개는 수억 마리에 이르지만 정작 강한 늑대는 생존을 위협받고 있다.

몰입 3단계: 하이터치의 공감하는 회사 만들기

다니기 편한 회사가 아니라 일하고 싶은 회사를 만들

어야 한다. 일하고 싶은 회사의 특징은 자부심과 공감대 형성이다. 무슨 일이든 함께 협의하고 공감대를 형성한 뒤 추진해야 한다. 공감과 권한 위양이 있는 하이터치 조직일수록 조직원들의 업무 몰입도가 높고, 일하고 싶은 기업이 된다.

몰입 4단계: 지속적으로 목적을 공유하는 회사 만들기

조직은 목표 달성을 통해서 성장한다. 일해도 성장이 없는 곳에서는 구성원들이 일할 의욕을 찾기 어렵다. 인간이란 의미를 찾는 존재다. 왜 회사에 와야 하는가? 공유된 비전은 조직 구성원의 동기부여를 활성화한다. 그래야 종업원들은 그들의 아이디어를 만들어내고, 꿈을 달성하도록 동기부여가 이뤄진다. 이것이 피터 드러커의 비전 공감이다.

그러므로 기업가는 업의 목적을 설정하고, 이를 구성원들과 공유하는 '비전 공유'가 필요하다. 업무가 있는 곳에 그 이유가 되는 기업 목적을 지속적으로 공유해야 한다. 새로운 업무를 시작하거나 배정할 때도 회사의 미션과 목적을 되돌아보아야 한다.

조직 구성원들은 '우리 회사의 목표, 목적은 내 업무가 중요하다고 느끼게 한다'고 생각할 때 더욱 몰입한다. 일에 꿈이 더해지면, 노동은 운동이 되고, 직업은 소명이 된다. 노동과 운동, 직업과 소명을 구분하는 핵심 요소는 무엇일까? 바로 꿈이다. 꿈이 없이 일하면 노동이고, 꿈과 공감을 가지고 일하면 운동이 된다. 노동과 직업에 꿈이 스며들면 운동과 소명이 되고, 방법과 성과에만 관심을 가지면 노동과 직업이 된다. 노동은 돈을 위해 하는 것이지만, 운동은 자기의 꿈을 위해 일하는 것이다.

몰입 5단계: 전진사례로 함께 성장하기: 전진의 법칙

지난 1년 동안 직장에서 배우고 성장할 수 있는 기회가 있었는가? 구성원들의 작은 성공이 위대한 조직으로 전진하게 만든다. 리더는 무엇을 해야 하는가? 조직 구성원들이 성장하도록 도와줘야 한다. 그들의 성과가 리더의 성과다. 나 홀로 성장하려는 리더는 구성원을 희생해서 자신의 성과로 만들고자 한다. 그러면 결국 구성원의 마음은 떠나고 만다. 구성원들의 몰입에 불을 붙이는 것은 그들이 성장하도록 하는 것이다. 리더들이여, 직원들이 전진할 수 있도록 장애물을 제거하고 지원하라.

구성원을 즐겁게 하고, 몰입에 불을 붙이고, 창조적으로 일하게 하는 것은 전진의 법칙이다. 전진의 법칙은 하버드대학교 에머빌 교수가 기업 구성원들로부터 받은 1만 2천여 건의 일기를 통계적으로 분석해 리더의 어떤 행위가 구성원들의 창의성과 몰입 그리고 직장생활의 성과를 증가시키는지 실증한 것이다. 구성원들을 몰입시키는 것은 복지나 급여 같은 인센티브가 아니라 의미 있는 일에 조금이라도 전진하게 하는 것이다. 전진이야말로 구성원들이 창조적인 일에 몰입하게 하는 강력한 영향이 있다. 구성원의 전진 여부는 동료나 관리자의 피드백이 있어야 알 수 있다. 최고의 리더는 자신이 똑똑해지는 것이 아니라 구성원의 전진에 대한 성과를 즉각적으로 피드백하고, 전진할 수 있도록 지원하는 것이다.

김기찬_ 가톨릭대 교수

(1) 업의 의미와 본질

'업(業)'은 한자 단어 뜻 그대로의 '일'이 아닌 '사명', 즉 '미션'으로 정의하는 것이 옳다. 경영의 구루 피터 드러커

본 원고는 김기찬, 「CHIEF EXECUTIVE」 2021년 6월호, 〈新성장을 위한 전략적 피보팅 : 비즈니스, 다시 본질로 돌아가라〉의 글을 수정하여 재수록한 것임을 밝혀둡니다.

의 최고의 질문 중 첫 번째가 바로 '우리 회사의 미션은 무엇인가'다. 그는 모든 비즈니스는 반드시 위대한 미션으로부터 출발해야 한다고 말했다. 미션이 있어야 비전이 생기고 고객이 보인다. 미션은 업의 본질이자 기업 존재의 목적이다. 이런 이유로 최근 많은 기업이 위기를 벗어나기 위해 또는 새로운 동력 마련을 위해 '업의 본질'의 대전환을 시도하고 있다. 그리고 이런 기업들의 가치는 크게 상승하고 있다. 전략적으로 업의 본질을 재정의해 성공을 거둔 기업들을 살펴봄으로써 신성장을 위한 인사이트를 얻어 본다.

(2) 비즈니스, 다시 본질로 돌아가라

최근 많은 기업이 '간판'을 바꾸고 있다. 재계에 불어온 이 사명 변경 열풍의 배경에는 업의 본질 대전환이 있다. 업의 본질 피보팅Pivoting[1]에 성공한 기업들의 기업가치는 폭증하고 있다. 업의 본질은 기업의 한정된 자원을 효율적으

---

[1] '중심축을 중심으로 회전하다'라는 뜻으로 농구 경기에서 수비수가 가로막을 때 한 바퀴 회전해 전진하는 기술을 의미한다. 최근에는 외부 환경에 따라 사업 아이템이나 사업 전략 방향을 빠르게 전환하는 경영 용어로 많이 쓰인다.

로 사용하도록 도와준다. 탄소경제가 저물고 있는 이 지점에서 이제 기존의 업, 즉 미션에 대해 고민해 봐야 할 때다.

업의 정의에서 가장 중요한 것은 주적을 명확히 하는 것이다. 반도체의 주적은 진부화와 재고다. 반도체는 기술 발전의 속도가 빨라 한 발 빠른 투자 싸움이다. 쿠팡과 같은 이커머스의 주적은 늦은 배송이다. 그래서 이커머스는 고객 가까이 상품을 비치하는 창고 사업이라고 할 수 있다. 호텔의 주적은 안 좋은 입지이고, 종합상사의 주적은 부족한 정보다.

그렇다면 업이란 무엇인가. 한자로는 '일'을 뜻하지만 실제로 업이란 단순히 일 그 자체가 아니라 일의 중요한 의미나 가치, 즉 미션을 말한다. 업의 본질은 고객이 느끼는 가치 제안$^{Value\ Proposition}$이고 기업이 사회에 존재하는 미션이 된다. 기업의 미션은 고객과의 약속이다. 그래서 기업의 마케팅은 미션 선언문^{Statement} 한 문장에서 시작해야 한다.

콜린 메이어 옥스퍼드 경영대학원 전 학장은 기업이란 '사람들과 지구에서 벌어지는 문제에 생산적인 해결책을 제시하는 것'이라고 했다. 이것이 업의 본질이고 기업의 존재 이유인 미션이다. '미션'은 '하늘에서 내려준 일', '파견

하다'라는 의미의 라틴어 '미토^{Mito}'에서 파생되었다. 힌두어로는 '카르마'라 부른다. 결국 기업의 업이란 단순히 일 그 자체가 아니라 세상과 고객들에게 해결해야 할 과제들이다.

실리콘밸리 성공 기업의 노하우를 분석한 마이클 거버에 의하면 미국에서는 매년 100만 개 이상의 기업이 창업을 한다. 그러나 이 중 10년 이상 생존 확률은 단 4%에 불과하다. 창업 기업 중 40%가 1년 안에 문을 닫고, 그중 80%가 5년 안에 사라지며 나머지 살아남은 20%의 기업들도 그다음 5년 안에 80%가 문을 닫는다.

여기서 살아남은 4%의 기업들은 누구인가. 끊임없이 꿈을 만들고 이를 실현시킨 기업가가 있는 기업들이다. 기술만 키운 회사보다 꿈에 도전한 회사들이다. 즉 생존에 실패한 창업 기업들은 '기업가의 관점'이 아닌 '기술자의 관점'으로 사업을 바라보고 있었다.

(3) 로우로드 기업에서 하이로드 기업으로

코로나19 이후 세상의 문제가 달라지고 있다. 세상의

문제가 달라지면 기업의 목적도 달라져야 한다. 기업은 세상의 변화에 따라 미션을 업데이트해야 한다. 특히 전환기일수록 고객과 사회의 요구가 달라진다. 이때가 업의 전환 시점이다. 미션은 고객과 사회와 관련해 정의되어야 방향이 명확해진다.

기업가정신은 미션을 혁신으로 만들어 낸다. 기업가는 세상 문제를 보는 눈이 있어야 한다. 세상 문제는 기회와 위기의 복합체다. 그러니 기업가가 세상을 보는 눈은 위기를 보는 눈과 기회를 보는 눈이다. 위기를 보는 눈은 변화의 에너지를 만들며 기회를 보는 눈은 변화의 방향을 만들 수 있다. 결국 '위기-도전-기회-혁신'의 선순환을 만들어 내야 한다. 혁신은 세상을 바꾼다. 혁신으로 세상의 문제를 풀어내는 것이 기업가의 사명이다. 그래서 기업가는 서민에 대한 연민이 있어야 하고 지구나 사람의 문제에 관심이 충만해야 한다.

코로나19 이후 가장 심각한 사회문제는 표면적으로는 건강과 보건의 위기로 보이지만, 인간에게 근본적인 위기는 '사람 연결의 고장'이다. 코로나19 상황에서 가장 잘나가는 기업들은 고장 난 사람들 간 연결을 도와주는 회사들이다. 학생과 교사 간 연결 고장은 줌이, 영화관 연결 고장은 넷플릭스가, 쇼핑 고장은 아마존과 쿠팡이 문제를 해결하며 대박을 내고 있다. 이처럼 세상의 문제가 달라지면 미션이 달라지고, 업의 본질의 피보팅이 필요하다. 업의 본질이 미션이고 문제의 해결 방법이 혁신이다.

하버드 대학의 석학 리베카 헨더슨은 《자본주의 대전환》에서 사회문제 해결에 대한 의지가 충만하고 미션에 충실한 기업을 높은 길로 가는 기업, 즉 하이로드 기업High Road Firm이라 부르고 기업 이익 극대화를 목표로 다른 비용을 줄이는 기업을 낮은 길로 가는 기업, 즉 로우로드 기업Low Road Firm이라 불렀다.

하이로드 기업이란 기업의 목적과 미션을 중시하며 공적 이익과 공유 목적에 헌신하는 공동체를 만들기 위해 애쓰는 기업이다. 이들은 사회와 약속한 미션을 다하기 위해 기술 개발과 혁신에 많이 투자하고 좋은 생산품을 위해 고용 안정을 추구하며 사람을 존중하고 자율적이며 권한 이양된 조직 특성을 가지고 있다. 이러한 하이로드 기업을 운영하는 데 비용이 많이 들 것 같지만 반드시 그렇지는 않다. 이에 비해 로우로드 기업은 주주가치 극대화를 목표로 하며 비용 절감을 위해 고용 불안정, 비정규직 문제를 낳고 사람을 그저 기계의 나사로 여기며 사물처럼 관리한다. 이러한 기업의 직원들은 소속감과 충성심이 낮고 양질의 제품을 생산하지 못해 소비자들의 불신을 받는 경우가 많다. 로우로드 기업은 많은 부분에서 비용을 절감할 것처럼 보이지만 실제로는 갈등 비용, 품질 비용, 리콜 비용 등이 많이 들게 된다. 그러면 업의 본질이 마케팅에도 도움이 될까? 업의 본질이 기업의 행동을 바꿀 만큼 확실한 기업의 방향이 되면 최고의 마케팅 수단이 된다. CEO가 업의 본질을 핵심 철학으로 생각하면 고객과의 신뢰가 쌓인다.

(4) XaaS로의 피보팅 시대, 키워드는 '미래 혁신'

피터 드러커는 미션을 5~6년에 한 번 0점으로 놓고 업의 본질에 대해 고민해 봐야 한다고 제안했다. 특히 고객과 사회의 요구가 달라지는 전환기일수록 꼭 필요하다.

코로나19 이후의 사회는 그린화, 디지털화로 대전환하고 있다. 기업의 미션은 이러한 사회 변화, 고객 변화와 관련해 정의되어야 한다. 지금은 히트 리프레시^Hit Refresh, 즉 '새로고침' 버튼을 누를 때다. 그리고 세상의 변화에 따라 미션을 업데이트할 때다.

업의 전환에 성공한 대표적인 회사 가운데 하나가 SK이노베이션이다. 석유 중심 회사에서 전기차 배터리 회사로 변신해 기업가치가 급증하고 있다. SK이노베이션은 매출과 이익은 성장하는데 기업가치는 떨어지는 유기적 성장의 한계를 경험했다. 그 후 2011년 1월 석유 및 화학 사업 부문을 각각 물적 분할해 SK에너지에서 SK이노베이션으로 사명을 변경하고 2차 전지 중심으로 업을 변경했다. 또한 최근에는 전기차 배터리(2차전지) 분리막 부문 자회사 SK아이이테크놀로지^SKIET를 상장시키는 데 성공했다.

제조기업들은 고객 서비스 중심으로 업의 본질을 전환하고 있다. '모든 것의 서비스화^Everything as a Service : XaaS' 시대가 왔다. 현대자동차는 자동차를 만드는 것뿐 아니라 모빌리티 서비스기업이 되겠다고 하고, 쿠팡은 창고를 짓고 스스로를 풀필먼트^fulfillment 기업이라 부르고 있다.

이들 외에도 많은 기업이 코로나19 이전 경제와 이후

경제의 대충돌을 경험하고 업의 본질의 피보팅을 시작하고 있다. 피보팅의 키워드는 미래와 혁신, 즉 인수합병(M&A), 합작, 분사, 해외 진출 방안 등 미래 성장 동력에 대한 과감한 투자다. 지금까지의 내부 자원에 의한 성장 방식을 벗어나서 비유기적 성장을 시도하는 것이다.

LG그룹은 LG화학을 물적 분할해 LG에너지솔루션으로 분사시켰고, LG전자는 마그나MAGNA와 전기차 합작 법인을 설립하고 있다. 현대자동차 그룹은 로봇 전문업체인 보스턴 다이내믹스를 인수한 것을 시작으로 소프트웨어 역량 보강을 위한 기업 간 사업 재편을 시작했다. 특히 M&A는 업의 전환의 진화 속도Clockspeed를 단축시키는 엔진이 된다. 즉 M&A는 시간과 시대를 사는 것이다. 내부의 자원을 육성하고, 이를 바탕으로 혁신하기에는 시간이 없기 때문이다.

현대자동차는 로봇회사를 인수했고, 전기차 서비스를 위한 M&A도 적극 모색 중이다. 카카오는 M&A를 통한 비유기적 성장에 가장 적극적이며, LG전자도 전기차 사업으로의 진출을 위해 M&A에 적극적이다. M&A에 관한 한 가장 모범 사례는 구글이다. 구글은 검색 기능, 유튜브 등에 필요한 기술력과 특허를 거의 인수를 통해 보강하고 있다. 2010년 이후로 따지면 한 주에 한 번꼴로 M&A를 성사시키고 있다. 구글의 '신의 한 수'는 2005년 안드로이드 인수다. 안드로이드는 앤디 루빈 전 애플 하드웨어 디자이너가 세운 캐나다 회사다.

5,000만 달러 규모였던 안드로이드 인수는 당시 40억 달러 규모의 구글 증자 계획에 묻혀 별다른 주목을 끌지 못했다. 그러나 구글에 인수된 안드로이드는 현재 세계 모바일 운영체제(OS) 시장의 80%를 차지하고 있다. 전문가들은 구글이 세계 모바일 생태계를 지배하게 한 일등공신으로 안드로이드를 꼽는다.

(5) 지금은 비유기적 성장이 필요한 때

기업의 성장에는 두 가지의 공식이 있다. 내부 자원에 의한 유기적 성장(Organic Growth) 방식과 외부 자원을 활용하는 비유기적 성장(Inorganic Growth) 방식이다. 유기적 성장이란 비용 절감 및 기업 내부의 역량 개발을 통해 성장하는 것이고,

비유기적 성장은 기업의 외부 역량을 흡수해 성장하는 것으로 M&A, 기업 합작, 지분 투자 및 제휴 등이다.

두 가지 성장 방식 중 평상시에는 유기적 성장이 선호되지만 유기적 성장이 잘 작동하지 않거나 더 이상 성장이 어려워지는 경우 병목현상을 돌파하는 비유기적 성장 방식이 채택된다. 지금은 석유 자원에 의존한 산업혁명 시대의 기업들이 데이터 자원에 의존하는 4차 산업혁명과 ESG의 열풍 속에서 대전환의 기로에 있다. 이제 관료화된 대기업들이 조직 내부의 역량 구축 경쟁과 닫힌 혁신만으로는 급격한 전환을 따라갈 수 없다.

M&A는 외부의 첨단 아이디어와 기술을 받아들이는 열린 혁신을 채택하는 방식이다. 특히 코로나19 이후 디지털 대전환의 시기에 기업의 성장 공식으로 M&A를 통한 비유기적 성장이 꽃을 피우고 있다.

이러한 방식은 대기업뿐 아니라 스타트업 생태계를 건강하게 만드는 데도 큰 공헌을 하고 있다. 대기업의 스타트업 인수는 스타트업에게는 출구의 기회가 되고 대기업에게는 첨단 아이디어를 흡수하는 길이 된다. 대기업은 혁신

아이디어와 신기술이 부족하고 스타트업은 혁신 기술의 상용화(Commercialization)를 도와줄 파트너가 필요하기 때문이다.

스타트업이 자신의 힘으로 기업공개(IPO)를 하고 성장하기에는 한계가 있다. 미국에서 첫 투자를 받은 회사들 중 상장으로 이어지는 곳은 0.1%에 불과하다는 통계도 있다. 그럼에도 미국 스타트업 생태계가 활성화되는 이유는 스타트업의 97%가 기업 공개보다 M&A로 투자금을 회수하고 있기 때문이다.

그 결과 미국 실리콘밸리의 스타트업과 대기업들은 비유기적 성장을 고리로 해 유기적 협력이 활발하게 이루어지고 있다. 구글은 안드로이드를 인수해 모바일 운영체제를 완성했고 유튜브 인수는 동영상 플랫폼으로 진출하는 계기가 되었다.

한편 출구가 마련된 스타트업들은 또 다른 연속적인 창업(Serial Entrepreneur)으로 이어져 혁신 생태계의 인프라를 키우고 있다. 테슬라의 일론 머스크, 유튜브를 만든 스티브 첸과 채드 헐리, 링크드인 창업자 레이드 호프먼 등은 모두 페이팔의 창업 멤버들로 알려졌다.

그러나 이러한 혁신 전환기에도 우리나라 재벌 대기업

의 국내 스타트업 인수는 포지티브 규제로 많은 제약이 있다. 그래서 우리 기업들은 해외 스타트업 인수에 더 적극적이다. 이 부분은 정부 정책이 앞으로 풀어가야 할 큰 과제 중 하나다. 실제로 여전히 유기적 성장에 머물고 있는 보수적인 바이오제약 업계는 신약 개발과 같은 첨단 혁신 전환에 많은 한계를 보여주고 있다. 그 때문인지 세계 제약·바이오 업계 매출 50위권에 우리나라 기업은 한 곳도 이름을 올리지 못했다.

반면 일본의 바이오기업들은 9곳이 순위에 들어가 있다. 일본 기업들은 M&A에 매우 적극적이다. 대표적으로 다케다는 2008년 미국 제약사 밀레니엄, 2011년 스위스 나이코메드, 2017년 미국 아리아드, 2018년 아일랜드 샤이어를 인수하면서 세계 10대 제약사로 성장했다. M&A를 통해 자사가 필요로 하는 외부 역량을 보완해 간 덕분이다.

법인은 기업가 개인으로부터 자유로워져야 하지만 미국과 중국처럼 스타트업 인수에도 더 자유로워지도록 해주어야 한다. 그래야 혁신과 스타트업 생태계가 지속 성장할 수 있다.

(6) 전략적 피보팅에 나선 기업들

'고객들은 왜 우리 회사의 제품을 사야 하는가?' 우리 회사는 이 질문에 대해 10점 만점에 몇 점을 줄 수 있을까. 이것이 업의 개념과 본질을 탐구하는 과정이다. 끊임없이 변화하는 고객의 욕구에 대한 개선 노력 없이는 어떤 사업도 성공할 수 없다. 전략적 피보팅에 나선 쿠팡과 현대자동차의 사례를 통해 시대의 변화를 혁신의 기회로 만드는 방법을 확인해 보자.

① 쿠팡
유통업은 트래픽 사업

쿠팡의 업의 키워드는 '풀필먼트를 통한 고객체험 혁신'이다. 쿠팡은 창고를 짓고 풀필먼트라 부른다. 풀필먼트는 '부족한 것을 채운다'는 의미로 주문에서 배송까지 고객 주문을 완벽하게 이행하겠다는 약속이라 할 수 있다. 이 용어는 아마존이 물류창고 명칭을 풀필먼트센터로 바꾸면서 널리 확산되기 시작했지만, 이제 단순 배송을 넘어 고객이 원하는 시점에 물건을 전달하는 '와우Wow'를 만들어 내는 마법의 마케팅 용어가 되었다.

쿠팡이 창고를 짓는 이유는 빠른 배송의 마법이 창고에서 나오기 때문이다. 즉 배송을 통해 라스트 마일 풀필먼트에 도전하고 있다. 소비자 가까이 물건을 가져다 놓고 주문이 들어오면 바로 배송이 가능하도록 하는 것이다. 쿠팡 물류센터 창고는 30개 도시에 100여 개가 있고, 반경 11km이내에 대한민국 인구의 70%가 살기 때문에 30분 이내에 배송이 가능하다. 잠자기 전에 다음날 아침식사에 필요한 물건을 주문했는데, 새벽에 배송되어 아침 식탁에 올라온다면 '와우' 경험이 될 것이다. 만일 배송된 상품이 마음에 들지 않으면 '묻지 마 반품'이 가능하다. 앱에서 반품을 요청하고 문 앞에 상품을 두기만 하면 된다. 새로 포장할 필요도 없다.

쿠팡의 미국 나스닥 상장 당시 기업가치 100조 원의 비밀은 고객체험 혁신 전략의 성공으로 요약할 수 있다. 먼저 구독경제화다. 기존 고객 비율이 87~90%에서 일정하게 유지돼 충성고객의 잠금Lock-in 효과를 만들어내고 있다.

둘째, 충성고객들이 만들어내는 기존 고객 매출 증가율Net Dollar Retention Rate이 아마존보다 높다. 쿠팡의 기존 고객 매출 증가율은 2016년 137%에서 2017년 185%로 큰 폭 증가하며 아마존을 능가했다. 쿠팡의 충성고객은 해가 지날수록 더 많은 돈을 지불하고 있다. 고객 1인당 소비 금액이 지난해 18만 원에서 30만 원으로 59%나 상승한 것이다. 2016년부터 쿠팡을 사용하는 고객은 그다음 해에 가입 첫해보다 1.37배 많이 지불했고, 5년이 된 해에는 3.59배 더 많은 돈을 쿠팡에서 사용했다. 쿠팡의 풀필먼트 서비스가 고객체험 혁신 프로그램으로 잘 작동하고 있다는 의미다.

고객 트래픽과 데이터 통해 가치 창출

쿠팡은 외식 상품권을 공동구매하는 소셜커머스로 시작했지만 이 사업의 성장이 정체되면서 2014년 인터넷 쇼핑으로 사업 모델을 피보팅해 아마존 모델을 지향했다. 이는 고객체험 혁신으로 트래픽을 이끌어 내는 모델이다. 라스트 마일 풀필먼트의 고객경험이 더 많은 방문을 이끌어 내고, 이것이 더 많은 판매자와 구매자들을 모여들게 해 저가격으로 고객체험의 선순환을 만들어낸다.

고객체험에서 핵심은 배송 속도다. 쿠팡이 인터넷 쇼

핑 모델로 전환할 당시에는 온라인으로 물건을 주문하면 배송에 2, 3일이 걸렸다. 이것을 '로켓배송'이란 이름으로 단 하루로 줄였다. 김범석 쿠팡 의장은 잠자리에 들기 전 주문하고 일어나 보니 상품이 문 앞에 배송되어 있는 마법 같은 고객체험에 승부를 걸었다.

'내가 쿠팡 없이 어떻게 살았지?'라는 고객체험 혁신이 오늘날 쿠팡을 만들었다. 이것이 쿠팡의 초기 슬로건이고 김범석 의장의 모토다. 이를 위한 쿠팡의 핵심 사업은 창고 짓기이고 배송 인력 확보였다. 핵심 무기인 로켓배송을 위해 막대한 적자를 감수하며 경쟁자들과 배송 속도전을 시작했다. 1일 배송은 아마존도 달성하지 못한 속도다. 그리고 그 성과는 가시적으로 확인된다. 쿠팡의 매출액은 로켓배송 첫해인 2014년 3,400억 원에서 지난해 13조 3,000억 원으로 40배나 늘어났다. 마침내 올해 초 미국 증시에도 상장했다.

이제 쿠팡은 고객체험의 혁신을 위해 댓글과 고객 공감을 활용한 AI를 통해 테크회사로 또 한 번 진화하고 있다. 빠른 배송을 위해서는 주문 예측이 가능해야 한다. 데이터와 AI 싸움이다. 빅데이터는 지역별로 어떤 물건이 잘 팔리는지를 미리 예측하고, 데이터를 학습한 AI는 오직 한 사람의 고객을 위한 체험 혁신에 집중하고 있다.

고객보다 고객을 잘 아는 것이 AI이다. AI가 추천하고 고객이 지불하는 시대가 오고 있다. 내가 보고 싶은 영화는 무엇인지는 넷플릭스에게 물어보면 된다. 지금 이 순간에도 넷플릭스의 클라우드 안에서는 AI가 고객을 24시간 학습하고 있다.

쿠팡은 이제 구매 고객을 프라임 멤버십을 통해 구독 고객으로 전환하고 있다. '로켓와우클럽' 서비스다. 2,900원의 구독료를 내면 무료 배송은 물론 다음날 오전 7시 이전 도착을 보장하는 로켓와우와 로켓프레시, 다음날 오후 도착하는 로켓배송 등이 제공된다.

구독 고객의 매출 증가율은 눈덩이 효과Snowball Effect로 입증된다. 매출이 '복리의 마법'처럼 불어난다는 가정이 성립되어 기업가치가 눈덩이처럼 늘어나는 것이다. 그래서 구독 비즈니스 기업들의 성장률은 일반 소매기업보다 3배 이상 높다. 게다가 기존 고객의 매출 예측도 가능하다.

쿠팡의 나스닥 IPO의 의미는 고객의 페인 포인트Pain Point에 무관심했던 기존 유통기업에 대한 경고다. 쿠팡의 지난해 매출은 2019년 대비 91% 증가한 반면, 신세계백화점은 5.5% 성장에 그쳤다. 쿠팡의 기업가치는 70조 원 이상이지만 신세계백화점의 기업가치는 2조 8,000억 원에 머무르고 있다.

쿠팡은 AI를 통한 빠른 고객체험 혁신의 중요성도 시사하고 있다. 오프라인 사무실에서 혁신하는 회사는 회의하고 결재하고 집행하는 시간이 길 수밖에 없다. 반면 AI를 통한 고객체험 혁신은 실시간 진행된다. 쿠팡은 AI를 활용해 고객의 페인 포인트를 해결하기 위해 하루에도 수백 번 업데이트를 한다. 넷플릭스는 하루에 1만 번 바꾼다. 속도전에서 클라우드 기반의 AI 기업에 오프라인 혁신 기업이 밀릴 수밖에 없다. AI와 클라우드 없이 사무실에서 8시간 일하는 기업이 더욱 어려워지는 시대다. 이세돌이 알파고를 못 이긴 이유다.

② 현대자동차

자동차에서 모빌리티 서비스로 변신

현대자동차는 전통적 오프라인 자동차 제조기업에서

'스마트 모빌리티 솔루션 제공자'로 업을 피보팅하고 있다. 전통적으로 현대자동차의 업은 자동차 제조업이었다. 제조업의 본질은 품질 좋고 저렴한 자동차의 대량생산과 공급이다. 그러나 전 세계 10억여만 대의 자동차 중 오직 4%만이 지금 활용되고 있다. 자동차가 이동의 가장 편리한 수단이긴 하지만 대부분의 자동차는 비싼 주차장에 머물고 있고, 교통체증과 지구온난화의 원인 제공자라는 비판까지 받고 있다.

이제 자동차 회사가 자동차 제조만 잘해서는 고객의 환호를 받을 수 없는 시대다. 그린화를 위해 석유를 사용하는 내연차 대신 저탄소 미래차에 대한 도전이 필요하다. 탄소 배출을 줄여야 하고, 교통체증, 주차난 등의 사회문제에도 관심을 가져야 한다. 저비용 고효율 이동 시스템을 활성화하고 자율주행 기술로 교통사고 예방에도 신경 써야 한다.

이에 현대자동차는 소비자들에게 더 이상 자동차를 판매하는 회사가 아니라 TaaS$^{\text{Trans-portation as a Service}}$, CaaS$^{\text{Car as a Service}}$, MaaS$^{\text{Mobility as a Service}}$를 포괄하는 이동 서비스 제공자가 되겠다고 선언했다. 하드웨어인 자동차의 공급자에서 서비스

융합 모빌리티 솔루션 기업을 지향하는 것이다.

먼저 TaaS는 도심 교통을 활용한 모빌리티 서비스다. 이는 이동성을 위한 종합 모빌리티 서비스로서 대중교통의 연결, 스마트 주차, 여행 계획, 통합 요금제 등을 의미한다. 자동차 오너십을 가진 차량을 중심으로 한 CaaS는 렌털, 리스, 보험, 차량 관리, 구독 서비스, 공유경제를 포함한다. 마지막으로 자동차의 고객 매칭 플랫폼 서비스인 MaaS는 공유 서비스, 차량 호출(Hailing), 카풀링, 카셰어링, 라이드셰어링 등을 포함한다.

이러한 업의 본질 전환 배경에는 고객들의 자동차에 대한 달라진 인식이 자리한다. 자동차는 더 이상 소유하는 기기가 아니라 이동 서비스의 수단이다. 소유경제는 공유경제로 이행하고 카셰어링, 카헤일링 등의 확산으로 신차의 수요가 줄어들고, 고객의 접점이 딜러 중심에서 고객 매칭 플랫폼으로 이동하고 있다.

이에 궁극적으로 현대자동차는 고객의 모빌리티 서비스 이용 접점에서 고객체험 혁신을 지향한다. 사람 중심 모빌리티 서비스가 그 핵심이다. 모빌리티 서비스는 하이터치형 사람 중심 고객체험 혁신에 성공해야 고객들의 지속적인 공감과 충성심을 이끌어 낼 수 있기 때문이다. 이러한 모빌리티 서비스로의 변화는 MECA$^{\text{Mobility, Electrification, Connectivity, Autonomous}}$ 역량을 기반으로 하고 있다. 먼저 모빌리티는 공급자 중심의 자동차 생산기업을 모빌리티의 토털 솔루션기업으로 바꾸고 있다. 사람의 이동 서비스뿐 아니라 로봇과 도심 풀필먼트 창고를 활용하는 상품의 이동 서비스에도 도전하고 있다. 다음으로 전동화^{Electrification}는 전기차, 수소전기차, 배터리를 중심으로 하는 첨단기술의 생태계로 발전하는 것이며, 또한 연결성^{Connectivity}은 5G, IoT로 연결되고 AI, 데이터 기반 서비스 산업으로 발전하는 것이다. 미래의 자동차 회사는 자동차 판매로 업무가 끝나는 것이 아니라 이용 과정에서 소프트웨어 다운로드, 새로운 연결 기능의 추가, 기존 기능의 업그레이드를 통한 새로운 비즈니스 모델을 개발하게 된다.

마지막은 자율주행^{Autonomous} 서비스로 현재는 레벨 3에 미치지 못하고 있지만 업계는 2024년까지 완전 자율주행인 레벨 4를 목표로 하고 있다. 이렇게 되면 궁극적으로 운전이 필요 없는 로봇화로 모빌리티 서비스의 혁명적인 변화가 일어나게 된다.

현대자동차는 미래 모빌리티 서비스의 활용도를 자동차 50%, 도심 항공 모빌리티^{UAM} 30% 그리고 나머지 20%는 로보틱스가 될 것으로 전망하고 있다. 이를 위해 4대 미래 사업으로 전기차, 도심 항공 모빌리티, 자율주행, 연료전지를 선정하고 이 분야의 역량을 강화하고 있다.

이처럼 현대자동차는 MECA 역량과 모빌리티 서비스업으로의 전환을 통해 코로나19 이후 V자 회복을 이끌고 있다. 업의 전환이 기존 자동차 시장의 잠재 규모를 대폭 확대시켜 기업가치 급증의 핵심 요인이 되는 것이다.

자동차 시장을 제조 판매 시장이 아니라 다양한 이동 서비스를 제공하는 글로벌 모빌리티 서비스 시장으로 보면 현재 2,000조 원 시장의 6배인 1경 2조 원 규모로 커진다. 디지털화, 그린화, 고부가가치화로 급격히 진전되면서 모빌리티 산업은 가장 미래 성장이 유망한 산업으로 등장하고 있다. 여기서 스마트 모빌리티 솔루션 기업을 향해 현대자동차가 집중적으로 추진하는 업의 핵심 내용은 다음과 같다.

첫째, 스마트화. 모빌리티 이용 고객의 목적에 맞게 데이터를 기반으로 최적화된 고객체험 혁신을 할 수 있도록 모빌리티 서비스를 지향한다.

둘째, 모빌리티 솔루션의 개발. CaaS, MaaS, TaaS 솔루션을 개발하는 것으로 외부의 생태계와 협력하고 외부의 역량을 통합해 모빌리티 솔루션을 제공하겠다는 의미다. 특히 새로운 개념의 사람 중심 모빌리티 서비스를 제안하고 있다. 바로 도심 항공 모빌리티 서비스로 도심 하늘을 새로운 이동 통로로 이용할 수 있는 솔루션인 UAM[Urban Air Mobility], 지상에서 목적지까지 이동하는 동안 탑승객에게 필요한 맞춤형 서비스를 제공하는 전동화된 맞춤형 이동 솔루션 PBV[Purpose Built Vehicle] 등이 그것이다.

셋째, 생태계를 구축하는 프로바이더[Provider] 기능. 현대자동차는 모빌리티 서비스를 제공하는 생태계들이 활동할 수 있도록 하는 인에이블러[Enabler] 역할과 모빌리티 이용자를 위한 큐레이터 기능을 하게 된다.

모빌리티 생태계의 인에이블러이자 큐레이터

기업 성장의 방식도 바뀌고 있다. 유기적 성장 방식에서 비유기적 성장 방식으로의 전환이다. 기계장치에서 전

자장치로의 전환에 필요한 미래차 역량, 소프트웨어 역량, 핵심 글로벌 가치사슬^{GVC}의 부품 조달 역량을 외부에서 확보해야 하기 때문이다. 이제 자동차회사의 경영은 규모의 경제보다 외부 기업들과의 네트워크 경제와 속도의 경제가 더 중요해지고 있다. 이에 따라 합종연횡, 인수합병 등이 활발하게 도입되고 있다. 외부업체와 전략적 제휴를 강화하고 있는 것이다.

비유기적 성장 방식은 이동수단의 소유와 이용과 관련된 다양한 전문 생태계들을 조직화하는 과정이다. 이와 관련해 현대자동차는 모빌리티 솔루션의 생태계 구성을 통해 더 많은 외부 파트너와의 협력 및 동맹관계를 모색할 뿐만 아니라 미래 시장 개척의 주도권 확보를 위한 역할을 고심하고 있다.

기업 생태계에서 현대자동차는 생태계의 큐레이터 역할을 지향하고 있다. 외부 전문기관들이 현대자동차 혁신의 소스가 될 수 있도록 하는 인에블러 역할을 통해 오픈 이노베이션을 기대하기 때문이다. 큐레이터란 모빌리티 서비스의 사용자와 공급자들을 모으고 분류하며 가치를 부여해 서로 시너지 효과가 날 수 있도록 하는 것이다.

이에 따라 보스턴다이내믹스와 같은 로봇회사를 인수해 로봇 사업 역량을 키우고 있으며, 독일의 가장 큰 리스회사인 식스트를 인수해 유럽에서 CaaS 서비스를 시작했다. 보스턴의 자율주행 전문업체 앱티브와는 모셔널이라는 합작회사를 설립해 2023년까지 자율주행 레벨 4 기술 완성을 목표로 로봇 택시 서비스에도 도전 중이다. 로봇 택시, 로봇 셔틀, 로봇 딜리버리, 로봇 트럭 등을 위한 생태계 구축 과정인 셈이다.

미국에서는 모빌리티 서비스 관리회사인 모션랩MoceanLab에 투자해 현대자동차 모빌리티 운영 자회사로 두고 있다. 이밖에 아시아의 그랩 등 자동차 공유 및 차량 호출 서비스회사에도 투자하고 있다.

이러한 현대자동차의 업의 본질 변화에 따라 개발되고 있는 모빌리티 서비스의 경향을 살펴보면 첫째, 현대자동차는 자동차 판매로 끝나는 비즈니스가 아니라 고객의 모빌리티 서비스를 다양하게 개발해 갈 것이다. 교통수단, 버스와 택시, 차량 공유 등을 서로 연결하고 자유롭게 예약과 결제를 할 수 있는 모빌리티 서비스나 카셰어링 서비스, 통근 택시 등을 개발하고 있다.

새로운 모빌리티 서비스는 '디바이스-서비스-인프라'가 새롭게 결합되는 슘페터식 신결합 상품이라는 특징이 있다. 예를 들어 승용차-카셰어링 서비스-주차장 인프라가 결합되어 주차장 기반 카셰어링 서비스를 미국의 모빌리티 서비스 관리 자회사인 모션을 통해 실행하고 있다.

미니버스-라이드셰어링-버스정류소가 결합된 온디맨드 셔틀 서비스도 인천 아이모드 I-Mod에서 개발 중이다. 이외에 UAM-택시 서비스-스카이 포트가 결합된 에어 택시 서비스와 로봇-당일배송-MFC Micro Fulfillment Center가 결합된 로봇 딜리버리 서비스도 개발 중이다. MFC는 도심 내 고객 거점 기반 창고로서 당일배송을 목표로 한다.

둘째, 모빌리티 서비스회사로의 업의 변화는 고객들의 일상 체험을 혁신하게 될 것이다. 출퇴근에 하루 1시간 이상을 소요하는 현대인들에게 자율주행의 MaaS는 출퇴근을 낭비와 고달픔의 시간이 아니라 자신을 위해 활용하는 즐거운 체험의 시간이 되도록 해줄 것이다. 이밖에 코로나19 이후 소비자들이 대중교통을 기피하면서 짧은 이동을 위한 라스트 마일 서비스로 개인 모빌리티 시장도 커지고 있다.

한편 카셰어링과 카헤일링 서비스는 코로나19 이후 장

기 구독경제 서비스 시장으로 이동하고 있다. 현대자동차는 '현대 셀렉션'이라는 브랜드를 통해 구독 서비스를 시도 중이다. 월 단위 요금제에 따라 내 맘대로 차를 구독해 사용할 수 있는데 레귤러 팩의 경우 최대 7개 차종 중에서 원하는 차를 골라 무제한으로 이용할 수 있다. 주중에는 세단, 주말에는 SUV를 탈 수 있는 것이다. 요금제에 따라 친구 또는 가족과 함께 이용할 수도 있으며, 지난 2월 기준으로 약 1만 6천여 명이 활용 중이다.

셋째, 셧다운 이후 사물의 이동을 위한 물류 배송 서비스 시장이 급증했다. 현대자동차는 이에 로봇을 결합한 사물의 모빌리티 서비스 강화를 모색하고 있다. 예를 들어 과거 콘셉트로 선보인 '엘리베이트'는 바퀴가 달린 4개의 다리를 움직여 기존 이동수단으로는 접근이 어려운 지역 및 상황에서도 유용하게 활용할 수 있는 신개념 로봇이다. 이는 사물 모빌리티 서비스가 재난 상황에서 우리의 생명을 살릴 수 있다는 가능성을 보여주고 있다.

이처럼 현대자동차는 자동차라는 거대한 조립 산업의 허브에서 벗어나 미래 모빌리티 생태계의 인에이블러이자 큐레이터로서 거대한 변화의 중심에 있다. 한편으로는 전환기에 엄청난 기회와 동시에 전쟁 같은 인수합병의 비유기적 성장의 리스크도 안고 있다.

그러면 현대자동차가 극복해야 할 위험요소는 무엇일까.

첫째, 모빌리티 세계에는 새로운 강자들이 속속 진입하고 있다. 이들과 합종연횡의 생태계 간 경쟁에 대비해야 한다. 모빌리티 생태계에는 최근 전략적 투자자뿐만 아니라 재무적 투자자의 많은 자금이 몰리고 있다. IT 전문업체들의 관심이 높아지고 이들이 모빌리티 서비스의 새로운 플레이어로 진입하고 있다. 테슬라는 전기차 시장에 진입했고, 구글은 웨이모를 통해 로봇 택시 서비스로 진출하고 있다. 애플의 미래차 진입도 예상된다. 돈이 몰리는 만큼 스타트업이나 인재들도 몰려들고 있다. 소프트뱅크는 비전 펀드를 통해 디디, 그랩, 우버 등 카셰어링, 카헤일링 서비스 플랫폼에 25조 원 정도를 집중 투자해 1대 주주로 자리매김했다.

둘째, 업의 전환에 따라 필요한 모빌리티 생태계 조성에 천문학적인 미래 투자가 필요하다. 이를 모두 현대자동차가 직접 담당하는 것은 불가능하기에 생태계를 모으고 활용하는 큐레이터의 역할이 강화되어야 한다. 흔드는 기술의 돈은 지키기에서 나온다. 집토끼 전략과 산토끼 전략의 조화가 필요하다. M&A 자체가 기회와 위협의 요소를 안고 있다. 인수 기업이 생태계에서 열린 혁신의 지원자가 되도록 하기 위해서는 생태계 내에서 안착되도록 관리하는 노력이 중요하다. 이를 위해 선통합, 후합병과 같은 PMI(Post Merge Integration) 전략도 적극적으로 모색되어야 한다.

셋째, 업의 본질을 전환하는 피보팅의 조화가 필요하다. 지금까지의 자동차 경쟁력으로 지켜야 할 역량과 미래의 전환을 위해 흔들어야 할 역량을 조화시키는 것이다. 앞으로 현대자동차는 미래 경쟁 역량을 구축하기 위해 3B(Build, Borrow, Buy)(지키기, 제휴, 인수합병) 전략 중 인수합병 또는 제휴 전략의 활용도가 높을 것이다. 이는 유기적 성장 방식의 핵심인 지키기와 달리 비유기적 성장 방식의 핵심이다.

(7) 우리 회사의 삼각 전투 형세는 어떠한가?

기업이란 기업(Entrepreneur), 관리자(Manager), 기술자(Technician)라는

세 인격 사이에서 벌어지는 삼각 전투Tricia Huebner다. 기술자는 현재를 중시해 만들고 팔고 배송하는 일에 집중한다. 관리자는 사람과 시스템을 통해 결과를 달성하고, 현재에 초점을 두며, 미래를 위한 전략을 세운다. 그리고 기업가는 세상에서 불편한 것을 없애는 미션을 가진 사람이다. 기업가는 업을 정의하고 현재의 비즈니스와 미래를 지향하는 비즈니스의 갭을 줄이는 데 초점을 둔다. 즉 기업가는 고객의 변화에서 기회를 찾고 새로운 방법에 도전하는 사람이다.

만약에 기업의 성과가 나빠졌다고 하자. 이때 '더 열심히 하자'고 하면 관리자이고 '새로운 방법으로 하자'고 하면 기업가다. 사업가는 고객이 아니라 상품에만 초점을 둔다. 기업가정신은 기회에 빨리 대응Proactive하는 것이다. 빨리 먼저 대응하면 기업가정신이고 뒤따라 대응Reactive하면 관리자 정신이다. 또 새로운 방법으로 대응Innovativeness하면 기업가 정신이고 기존의 방법으로 대응Inertia하면 관리자 정신이다. 위험을 감수하면 기업가정신이고 위험을 회피하면 관리자 정신이다. 이 3가지를 기업가형 지향성Entrepreneurial Orientation이라 한다.

(8) 패러다임 전환기에 필요한 기업가정신

실리콘밸리에서 창업한 기업들 중 기업가정신이 있는 기업만 살아남는다. 제품을 만드는 기술자를 넘어, 시스템을 만드는 관리자를 넘어, 변화하는 시장을 불평하지 않고 기회로 만든 기업가정신이 있었다.

기업가는 제품보다 고객들의 욕구 변화에서 기회를 발견한다. 시장 변화는 위협이 아니라 새로운 혁신의 기회로 포착한다. 결국 기업가들은 세상 문제를 해결하는 꿈을 꾸고, 기술과 관리를 섞어서 신화를 만든다. 성장하는 회사란 업의 본질을 통해 비즈니스 모델을 진화시켜 가는 회사다. 업의 본질이 명확해야 직원이 종업원이 될 수 있다. 종업원이란 바로 '업'에 종사하는 사람을 말하기 때문이다.

피터 드러커는 기업에는 두 가지가 필요하다고 했다.

하나는 마케팅이고, 또 하나는 혁신이다. 혁신이 엔진이고, 마케팅은 방향이다. 그래서 마케팅은 잘하는데 기업가정신이 약하면 아무 일도 일어나지 않는 것이다. 방향과 힘, 이 두 가지를 잘 만들어 나가는 것을 드러커는 마케팅과 혁신이라 했다. 기업가란 목표 지향적 리더가 아닌 목적 지향적 리더가 되어야 한다. 업의 본질이 기업가의 목적이고 가치 제안Value Proposition의 핵심이다. 목표만 있고 목적이 약한 지도자들은 처음에는 성공했으나 대부분 나중에 실패했다.

(9) 전환기에 요구되는 세 가지 기업가 모습

전환기에 필요한 기업가의 모습은 다음과 같다.

첫째, 기업가는 일을 집행하는 사람, 즉 최고 집행 책임자가 아니라 꿈을 꾸는 사람이 되어야 한다. 집행과 관리를 하는 최고경영자CEO가 아니라 미래의 꿈을 꾸고 꿈을 파는 최고꿈경영자Chief Dream Officer : CDO가 되어야 한다. 이를 위해 기업의 미션을 재정의하고 지속적으로 미래 비전을 공유Envisioning해야 한다.

둘째, 미래의 꿈을 위해서는 빠르게 피보팅하는 최고파괴자Chief Destruction Officer : CDO가 되어야 한다. 톰 피터스는 자신의 저서 《혁신 경영》에서 관리자, 보호자라는 의미가 강한 CEO를 대체하는 개념으로서 최고파괴자를 제안하며 미래를 위해서는 현재의 파괴자 역할을 해야 한다고 강조했다.

전환기에는 조금씩 문제를 해결해 가는 카이젠改善 방식이나 원가 절감을 위한 구조조정 정도로는 기업 생존이 어렵다. 기술자 출신이 많은 테크기업들일수록 치명적인 실수는 자신들이 잘 알고 있는 기술의 범위 내에서 개선하려고 하는 것이다. 자신들의 기술을 지키려고 시간과 에너지를 너무 낭비한 나머지 기술은 강점이 아니라 약점이 되고 만다. 많은 사업 실패는 재무나 마케팅, 운영을 잘 알지 못해서가 아니라 기존 기술에서 벗어나지 못하기 때문이다.

셋째, 창고를 짓고 풀필먼트라고 부르는 시대, 자동차를 만들고 모빌리티라고 부르는 시대, 안전이라 쓰고 안심이라 읽는 시대에 CEO는 이제 업의 본질을 고객으로 하여금 체험하게 하는 최고 고객체험책임자Chief Experience Officer : CxO가 되어야 한다.

이제 고객체험을 어떻게 이끌어 내는가라는 체험 혁신에 의한 성장 시대다. 그리고 개별화된 체험 혁신은 사무실이 아니라 클라우드가 있기 때문에 가능하다.

에필로그

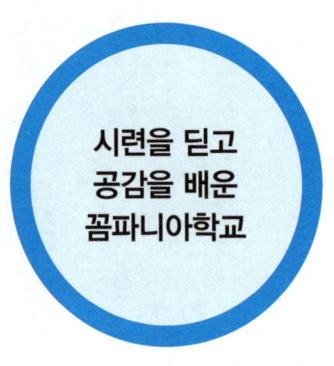

공정호_ 한·인도네시아경영학회(KIMA) 사무국장

(1) 10년 만에 돌아온 마케팅의 해

2020년 2월 20일, 드디어 꼼파니아 4기가 개강했다. 이번 4기 주제는 마케팅이었다. 교장이신 김기찬 교수는 올해가 10년 만에 돌아오는 마케팅의 해가 될 것으로 내다봤다. 해마다 기업이든 국가든 모두 어렵다고 이야기하지만,

2008년 금융 위기가 지난 후 10여 년이 지난 올해가 어느 해보다도 어려운 해가 될 것이라고 단언했다. 어려울 때일수록 마케팅의 필요성은 더욱 증가하기 마련이다. 꼼파니아학교 4기의 주제는 '기업가형 마케팅과 플랫폼 전략'으로 정해졌고, 이에 맞춰 강의 일정이 정해졌다.

(2) 3기와 달리 변화된 4기 과정

이번 4기는 지난 3기 과정과는 몇 가지 점에서 차이가 있었다. 첫 번째는 인원이 많이 늘어났다. 3기 과정에서는 전체 수강생이 46명이었는데, 4기 과정에서는 67명으로 늘었다. 두 번째는 강의실이 새로 생겼다. 1기부터 3기까지는 한국자동차산업조합의 5층 회의실을 무료로 사용했지만 이번 4기에는 조합의 지하 1층을 월세로 얻어서 전용 강의실이 생겼다. 세 번째는 꼼파니아학교가 한·인도네시아경영학회 소속이 되었다는 점이다. 꼼파니아학교는 법인으로 실체를 가지고 있지 못해 수강료 영수증을 처리하기 위해서 이곳저곳 법인들을 전전했는데, 4기부터는 김기찬 교장 선생님이 학회장으로 있는 한·인도네시아경영학회의 소속으로 정착하게 되었다.

(3) 운영진의 보강

몇 가지 변화가 생기면서 개강 전에 운영진이 보강되었다. 먼저 카이스트의 배종태 교수님이 수업 진행을 도와주기 위해서 교감 선생님으로 왔다. 3기에서는 피터 드러커를 주제로 공부했으며, 수업 진행은 피터 드러커 소사이어티에서 전적으로 맡았다. 그래서 강사 섭외나 자료집 준비를 별도로 할 필요가 없었지만 4기는 전체 강의 일정을 짜야 했고, 강의 자료집도 만들어야 했다. 전체 강의 일정을 짜고 강사진을 운영하는 것은 교장이신 김기찬 교수님이 담당했지만, 강의 진행과 관련된 일까지 혼자 하기는 무리가 있었다. 그래서 배종태 교수님이 수업 진행을 도와주기로 했다.

배종태 교감 선생님은 개강 전 자료 준비에 적극적으로 참여했다. 프로그램 안내문이나 강의일정표 등 외부에

공지해야 할 문서들이 많았는데, 깔끔한 양식으로 정리해주셨다. 강의 자료집 양식도 만들어주어서, 이를 바탕으로 매주 강의 자료집을 멋지게 만들 수 있었다. 심지어 1주차 강의 자료집과 2주차 강의 자료집은 본인이 부담해서 제본해주었다.

운영위원회도 구성이 되었다. 3기까지는 기수별 대표가 있었다. 4기에도 기수 대표가 있기는 했지만, 수강생이 늘어난 만큼 학교 운영과 관련된 사안들에 대해 협의하기 위해 체계적인 조직이 필요했다. 운영위원회는 학교장, 교감, 한·인도네시아경영학회 이사장, 꼼파니아 덕후회 회장, 졸업생과 현 기수 대표 등으로 구성되었다. 이로 인해 수강생들의 의견을 청취하고 학교 상황을 공유하기 위한 소통의 채널이 추가되었다.

(4) 자롱사산업회관 지하의 새로운 강의실에서

지금까지 자동차산업회관의 5층 회의실에서 수업을 진행할 수 있었던 건 한국자동차산업협동조합의 신달석 이사장님과 고문수 전무님의 배려 덕분이었다. 하지만 소규모일 때는 5층 회의실에서 수업이 가능했지만, 인원이 60명 이상으로 늘어나면서 회의실에서 수업을 진행하기에는 무리가 있었다. 더구나 2년 이상 무료로 회의실을 사용한다는 것은 염치가 없는 일이었다. 꼼파니아학교 수료생들과 재학생들이 평소 소통하기 위한 자리도 필요했다. 마침 2019년 12월에 김기찬 교수님이 학회장을 맡은 한·인도네시아경영학회가 설립되었는데, 이 학회활동을 하기 위한 공간도 필요했다. 그래서 한·인도네시아경영학회와 공동으로 사무실을 사용하기 위해서 자동차조합 지하에 강의실을 얻게 되었다.

(5) 거꾸로 작업한 강의실

55평 정도 넓이의 자동차조합 지하 1층은 2년 이상 비워진 상태였다. 처음 사무실 공간을 보았을 때는 넓기는 했지만, 어둑하고, 습하고, 바닥과 천장 등이 낡아서 강의장으로 사용해도 될지 의문이 들었다. 하지만 강의실로 사용하기로 계약한 만큼 공사를 시작해야 했다. 공사를 외부에 맡기면 쉬웠겠지만, 공사비용을 아끼려고 직접 하다 보니 여러 시행착오를 겪기도 했다.

우선 어둑한 지하 공간을 밝히기 위해 형광등을 모두 LED 등으로 바꾸었다. 실내가 밝아지고 나니 강의실 내부에 수리할 부분이 더욱 선명하게 드러났다. 가장 시급한 것은 바닥이었다. 오랫동안 방치된 공간이었기에 바닥의 타일이 갈라지고, 얼룩져 있어서 강의실 전체가 낡은 공간이라는 인상을 강하게 풍겼다. 타일을 사서 이틀에 걸쳐 작업했다. 바닥에 타일을 깔고 나니 강의실 공간이 한결 깔끔해졌다.

바닥이 깨끗해지니 다른 공간이 지저분해 보였다. 특히, 흰색 벽은 오래되어 누렇게 변색되어 있었다. 벽을 끝내고 보니 천장이 지저분한 게 또 눈에 띄었다. 결국 집기들을 치우고 천장까지 깨끗하게 페인트칠을 해 단장을 끝냈다. 마지막 공사를 한 곳은 문이었다. 출입문과 강의실 안쪽 문이 있었는데, 문은 꼭 페인트칠을 해야 한다는 건축가 백승기 대표의 말에 따라 페인트를 칠하기로 했다. 노란색을 추천해 양쪽 문을 모두 노란색 페인트로 칠하고 나니 마침내 깨끗한 강의실이 완성되었다. 사실 천장, 벽, 바닥 순으로 해야 할 작업을 바닥, 벽, 천장 순으로 작업해 이중으로 고생했지만 깨끗해진 강의실을 보면 뿌듯하기만 했다.

(6) 기증자들의 도움으로 사무실 집기 완비

강의실을 꾸미면서 강의실 집기들도 차근차근 준비했다. 먼저 책상과 의자부터 준비했다. 의자와 책상을 주문하고 화이트보드와 몇 가지 집기를 추가로 구매했다. 산뜻한 파란색 의자와 흰색 책상이 어우러져 강의실이 한층 돋보였다.

이후 지인을 통해 앰프와 마이크, 스피커를 설치했고, 빔 프로젝터는 자동차협동조합에서 무상으로 대여해주었다. 빔 프로젝터 스크린까지 설치하고 나니 강의실 모습이 갖추어졌다. 강의실을 꾸미면서 꼼파니아 덕후들의 도움도 많이 받았다. 마이다스엔터테이닝의 송정 대표는 냉난방기를 두 대나 설치해주었다. 지하 공간이 습하고 온도가 낮아 가장 시급하게 필요한 물품이었다. 명은커리어의 이서윤 대표는 55인치 TV와 이동식 거치대를 기증해주었다. 이 TV는 코로나로 인해 온라인 강의로 바뀌면서 매우 요긴하게 쓰이고 있다. 배종태 교감 선생님이 강의대를 기증해주어서 강의실 준비는 마무리되었다.

(7) 높았던 수업 참여 열기와 확산되던 코로나 사태

개강 전 4기 수업에 대한 열의는 대단했다. 본래 60명을 계획했던 수강생은 모집 마감 이후에 추가로 신청한 분들을 거절하지 못해 67명으로 늘어났다. 수업 1주일 전부터 실시한 출석부에는 54명이 출석신청을 했고, 출석 통보를 하지 않은 분들까지 합하면 거의 전원이 출석할 것으로 예상되었다.

하지만 코로나 감염자 수가 늘어나면서 사람들의 모임에 대한 우려도 커지고 있었다. 중국 우한에서 시작된 코로나가 인근 국가인 우리나라로 점점 확산되었다. 1월까지만 하더라도 누적 확진자가 10여 명에 불과했지만, 개강 전날인 2월 19일에 대구 신천지교회에서 발생한 확진자로 그 수가 급증하면서 사회적 모임을 자제해야 한다는 분위기가 확산되었다.

(8) 4기 강의진행

① 2월 20일 첫 강의

첫 강의가 우여곡절을 겪으면서 시작되었다. 코로나 확진자가 급증하면서 개강을 늦추자는 의견도 있었다. 첫 강의를 맡기로 했던 이해선 코웨이 대표가 회사 사정으로 강의를 하지 못한다는 연락이 왔다. 그렇지만 수강생들과 이미 약속된 일정을 갑자기 변경시킬 수 없어서 개강은 그대로 진행되었다.

김기찬 교장 선생님이 개강 선언을 하고, '마케팅이란 도대체 무엇인가?'라는 주제로 강의를 시작했다. 왜 지금 마케팅을 공부해야 하는지, 마케팅의 다양한 정의와 마케팅의 진화 과정에 대해 내용이었다. 이해선 대표를 대신해서 코웨이 마케팅본부의 김형권 마케팅전략부문장께서 강의해주었다. 우리나라 마케팅 업계의 대부라고 할 수 있는 이해선 대표의 강의를 직접 듣지 못해 아쉬웠지만, 그분의 수제자라 할 수 있는 김형권 상무를 통해 4차 산업혁명 시대에 기업이 소비자를 대하는 방식을 접할 수 있었다.

주영섭 고려대 석좌교수(전 중소기업청장)는 '4차 산업혁명 시대의 비즈니스모델 혁신'에 대해 강의했다. 4차 산업혁명 시대에 기업의 혁신 방향을 5가지로 나누어서 설명했는데, 첫째는 비즈니스 모델 혁신, 둘째는 기업 시스템 혁신, 셋째는 기술 혁신, 넷째는 사람 혁신, 다섯째는 시장 혁신이다. 특히, 시장 니즈, 기술, 산업/기업특성 등을 고려한 다양한 비즈니스 모델 개발의 필요성을 강조했다.

첫날 강의는 전체적으로 매우 만족스러운 분위기였다. 코로나가 확산되면서 참석하지 못한 분들도 있었지만 40명 이상이 참석했다. 특히, 메가젠 임플란트의 박광범 대표께서 의료세트를 선물해주어서 참석자들 모두 건강을 챙겨가는 기쁨도 누렸다.

꼼파니아학교 4기 개강 기념사진

② **2주차 오프라인 강의 중단,**

그리고 온라인 강의 준비(2.23~2.29)

2주차 강의는 코로나로 인해 쉴 수밖에 없었다. 2월 19일까지만 해도 1일 확진자 수가 10명 미만이었는데, 20일에 58명으로 늘어나더니 다음날은 100명을 넘어섰다. 24일에는 200명, 27일에는 500명을 넘기고, 29일에는 813명으로 연일 최고치를 찍었다.

코로나 사태로 인해 오프라인 강의를 언제 시작할지

알 수 없는 상황이라 온라인 강의를 준비해야 했다. 가장 먼저 어떤 플랫폼을 이용할지를 결정해야 했다. 온라인 동영상을 찍어본 적이 없어서 찍을 때 필요한 소프트웨어와 하드웨어가 무엇인지도 몰랐다. 수강생 중 박명길 글로텍 대표가 화상 회의용으로 자사에서 개발한 '아이씨유씨'를 추천했다. 강의실에서 교장 선생님과 미리 시연해 본 후, 당시 막 뜨고 있던 줌ZOOM 프로그램과 동시에 이용해서 화상채팅 겸 강의를 시작하기로 했다.

2월 27일, 화상채팅과 ZOOM을 통해 2주차 강의를 했다. 이날은 강의라기보다는 수강생들과 이야기를 나누는 자리였다. 처음으로 하는 온라인 강의이다 보니 여러 가지 문제점이 드러났다. 사전 안내가 있었지만, 당일에 프로그램을 설치하고, 아이디와 패스워드를 부여받아 로그인하는데 상당한 시간과 혼란이 있었다. 목소리가 울리기도 하고, 들리지 않기도 해서 의사소통에 어려움도 있었다. 쉽게 강의를 청취하고 참여하기 위한 새로운 방법이 필요했다.

③ **3주차 유튜브 강의 시작 (3.1.~3.7)**

　온라인 강의에 대한 방법을 인터넷으로 검색해보니 유튜브 강의를 많이 이용했다. 유튜브를 보기만 했지 찍어서 올려본 적이 없는 터라 뭐부터 준비해야 할지 막연했다. 우선 동영상을 찍으려면 카메라가 필요했다. 로지텍사의 웹 카메라를 많이 사용한다고 해서 그걸 주문했다. 소프트웨어는 동영상 강의에는 XSplit이라는 프로그램을 많이 사용한다고 해서, 간단한 사용법을 익힌 후 노트북을 이용해 시험 동영상을 찍어봤다.

　그다음 주 화요일, 김기찬 교장 선생님과 함께 동영상 강의를 녹화했다. 웹 카메라를 이용했더니 화질도 괜찮았다. 그다음 날은 배종태 교수님의 강의 동영상도 촬영했다. '기업가정신과 비즈니스 모델 혁신'이 주제였다. 이렇게 촬영한 강의를 유튜브에 올렸다. 매주 목요일은 교장 선생님이 ZOOM을 통해 수강생들과 만남의 시간을 가졌다. 그리고 유튜브 동영상 주소는 ZOOM 대화가 끝난 이후에 카톡방을 통해서 수강생들에게 자료와 함께 배포했다.

④ 4주차 실시간 유튜브 강의 시작 (3.8.~3.14)

몇 번의 강의를 진행하면서 유튜브 강의에 점점 익숙해지고 기술적으로도 발전했다. 무엇보다 유튜브로 실시간 강의하는 방법을 배웠다. 그래서 목요일이면 수강생들과 줌을 통해 인사를 하고, 유튜브로 강의를 진행했다. 강의가 끝나면 수강생과 강의 내용에 대한 의견도 나누고 각자의 개인 근황에 대한 대화도 나누면서 온라인으로 소통하는 시간을 가졌다.

⑤ 5주차 호모 엠파티쿠스 강의 (3.15.~3.21)

2, 3주면 끝날 것으로 예상했던 코로나 사태가 점점 더 심각해지면서 오프라인 강의가 언제 시작될지 모르는 상황이었다. 그렇다고 온라인으로만 수업을 진행하는 것은 꼼파니아학교의 정신인 빵을 함께 나눠먹는 공동체 정신과는 동떨어졌다.

이번 강의에서는 김기찬 교수님이 인류 생존과 진화의

비밀, 호모 엠파티쿠스에 대해 이야기했다. 이날 교수님은 3가지 메시지를 전달했다. 첫 번째 메시지는 인류가 생존한 이유Why는 공감하고 협력하는 종이었기 때문이다. 두 번째 메시지는 인류가 협력하고 혁신한 시기When는 공감할 때였다. 세 번째 메시지는 어떻게How 혁신할까였다. 공감이라는 중간숙주가 꿈에 영양분을 주면 혁신성과를 낸다.

이날 강의는 많은 수강생에게 공감에 대한 인식을 강하게 심어주었다. 코로나19로 인해 사람들과의 만남이 줄어들면서 소통이 막히는 상황에서, 공감의 네트워크로 살아가라는 교수님의 강의는 꼼파니아학교가 설립된 취지이기도 하고, 앞으로 코로나 이후 우리 사회가 나아가야 할 방향과도 상통하기 때문이었다.

⑥ 6주차 피터 드러커의 5Q 기반 마케팅과 혁신 (3.22.~3.28)

6주차는 제로베이스경영연구소의 대표인 조영덕 박사의 강의가 있었다. 조영덕 대표는 피터 드러커의 전문가로 지난 3기에도 피터 드러커와 관련해 강의했다. 이번에는 피터 드러커의 5가지 질문을 중심으로 마케팅과 혁신에 대해 강의했는데, 강의 중간에 3기 과정에서 했던 피터 드러커의 말에 대해 질문했고, 이에 많은 분이 답변에 참여하면서 온라인 강의였음에도 강의 참여도가 높았다. 경영의 대가였던 피터 드러커의 말을 통해 고객 가치와 마케팅, 혁신에 대해 배우는 시간이었다.

⑦ 7주차 온라인과 오프라인 강좌 병행 (3.29.~4.4)

개강한 지 한 달이 지났어도 수업은 온라인으로만 진행되었다. 온라인 강의도 장점이 있지만, 꼼파니아 정신과는 상치되는 부분이 있었다. 사회적 분위기상 조금 무리이기는 했지만 4월 2일 송창석 교수님 강의부터는 오프라인과 온라인을 병행해서 수업을 진행하기로 했다. 전체 수강생이 참여할 수는 없고, 10명 내외로 수강생들이 사회적 거리를 유지하면서 수업을 듣고, 강의실을 찾지 못하는 수강생들은 유튜브 강의를 듣기로 했다. 다만 3교시 수업이었던 저녁식사는 하지 않는 것으로 정했다.

송창석 교수님은 전통적인 마케팅의 시장 세분화가 국내 소비자들을 대상으로 하는데 비해, 국경을 넘어 여러 국가에서 일어나는 마케팅 활동에 관해 설명했다. 글로벌 시대에 국가별로 경제적, 역사적, 문화적 환경이 다른 상황에서 어떻게 소비자들을 분석해야 할지에 대한 강의였다.

⑧ 8주차 스토리텔링 마케팅 (4.5.~ 4.11)

8주차는 홍익대학교 전인수 교수님의 스토리텔링 마케팅에 대한 강의였다. 마케팅을 시대별로 구분해 보면 유통의 시대 → 마케팅 관리의 시대 → 문화 마케팅의 시대로 진보했음을 알 수 있다. 지금은 마케팅의 문화화 시대라고 할 수 있는데, 이는 소비의 정동화, 제품의 작품화, 공간의 공간성화, 커뮤니케이션의 스토리화 등으로 나눌 수 있다.

커뮤니케이션의 문화화에는 듣고 말하기가 중요한데, 특히 듣기인 '경청'의 중요성을 강조했다. 경청이 제대로 이루어지게 하려면 스토리화가 필요하다. 말하기의 목적은 '알림'과 '설득'에 있다. 그러나 재미와 감동을 주는 말하기는 이 양자를 포괄하며 넘어선다. 이런 사례로 치킨가게, 에스컬레이터의 경고문, 라면 이야기, 우동 한 그릇, 육일약국 이야기 등을 해주었다. 지금도 우리 일상에서는 스토리텔링을 기반으로 한 마케팅 기법들이 널리 활용되고 있다.

⑨ 9주차 혁신과 마케팅 (4.12.~4.18)

피터 드러커는 '기업의 목적은 고객 창조다. 고객 창조를 위한 기업의 기능은 혁신과 마케팅이다'라고 말했다. 한남대학교 이규현 교수님은 대학원 시절에 이 말에 크게 감명 받아 그 이후 혁신이 마케팅으로 이어지는 관계를 지금까지 연구하고 있다.

이번 강의에서는 경제사적 입장에서 혁신을 바라보고, 마케팅과의 연관성에 대해 이야기했다. 1776년 자유주의를 표방한 애덤 스미스의 《국부론》이 출간되었고, 산업혁명을 거치면서 자본주의가 꽃을 피웠다. 이후 1867년 평등을 강조한 마르크스의 《자본론》이 나왔다. 마르크스가 죽는 해에 두 사람의 경제학자가 태어나는데, 한 명은 케인즈고, 다른 한 명은 슘페터다.

케인즈는 자유주의와 마르크스주의 모두를 비판하고 정부의 개입을 강조했다. 슘페터는 'innovation(혁신)'이란 말을 처음으로 사용했다. 슘페터는 자본주의가 성공하면 할수록 어려움에 빠진다고 보았다. 슘페터의 혁신 사상은 피터 드러커와 필립 코틀러, 마이클 포터, 에버렛 로저스, 조프리 무어, 클레이튼 크리스텐슨 등으로 이어졌다.

혁신은 마케팅으로 이어진다. 시장은 변하고 있고, 시장의 변화에 따라 산업도 변화될 수밖에 없다. 이 변화를 예측하고 극복하기 위해서는 마케팅이 필요하다.

이규현 교수님은 도전받는 자본주의에서 새롭게 무장하는 혁신과 마케팅이 역할을 할 것이라고 믿고 있었다. 혁신은 기술 발전과 함께 이루어진다. 그런데 혁신이 확산되려면 저항을 극복해야 한다. 저항을 극복하고 수용하게 만드는 방법이 마케팅 이론이다. 전통적인 마케팅 이론에서는 기술, 공정, 제품, 시장, 조직 등의 분야와 결합해서 저항을 극복해 나갔다. 꼼파니아학교에서는 공감을 새로운 방법이라고 봤다.

⑩ **10주차 마케팅과 문화** (4.19.~4.25)

 기업 경영활동에서는 마케팅이 가장 중요하다고 할 수 있다. 이유는 고객과의 접점에 있기 때문이다. 그렇다면 마케팅을 잘하려면 어떻게 해야 할까? 고려대학교 박철 교수님은 딱 두 단어로 말한다. 마케팅을 잘하려면 (고)(생)해야 한다. 고생이란 '(고)객을 먼저 (생)각하라'의 줄임말이다.

 고객을 생각하기 위해서는 고객을 알아야 한다. 고객을 알기 위해서는 소비자 행동을 알아야 하는데, 고객 행동에 크게 영향을 미치는 것이 사회문화적인 요인들이다. 문화를 팔면 상품도 팔린다. 커피를 팔기 위해서는 커피 마시는 문화를 만들어야 하고, 와인을 팔기 위해서는 와인을 마시는 문화를 만들어야 한다.

 강의는 문화와 마케팅 중 소비의례가 중심이었다. 의례는 문화적 의미를 강력하고도 유연성 있게 조작하는 수단이다. 사람들은 소비를 하면서도 의례를 수행한다. 대표적인 것이 빼빼로데이다. 코로나 시대에는 편의점에서 혼자 밥을 먹는 문화도 새로운 의례로 자리 잡고 있다. 마케팅에서는 다양한 의례 이벤트를 만들어 소비를 창출할 수 있다. 이밖에 내부 마케팅, 공공 마케팅에서도 의례를 활용할 수 있다.

⑪ 11주차 MZ세대, 그들이 몰고 올 파고들 (4.26.~5.9)

11주차에는 충북대학교 안길상 교수님의 강의가 있었다. 세대란 비슷한 시기에 태어난 사람들을 묶어서 말한다. 시기가 같다 보니 이들은 비슷한 경험을 가진다. 그러다 보니 세대 간은 서로 다른 경험으로 인해 갈등이 일어난다. 세대 간 갈등을 해소하면 사회적 자본으로 육성시킬 수 있을 뿐만 아니라 특정 세대에 맞춘 산업을 육성시킬 수도 있다.

미국의 경우는 세대를 크게 6개로 구분한다. GI, 전통주의세대, 베이비부머, X세대, 밀레니얼, Z세대가 그것이다. 한국도 산업화 세대, 베이비부머, 386세대, X세대, 밀레니얼, Z세대 등으로 구분되고 있다.

밀레니얼 세대는 1980년대에서 1990년대에 태어난 사람들이다. 한국 나이로는 20대 초반에서 30대 후반 정도

된다. 이들 세대는 사회적 대의에 민감하고, 현실주의자들이다. 비트코인 광풍, 부동산 갭 투자, 동학개미 운동 등을 주도한 세대다. 또한, 워라밸, 욜로, 경험을 중시하는 생활방식 등을 추구한다. Z세대는 20대 미만의 청소년들로, 자유주의, 좋은 기회를 놓치고 싶지 않은 마음, 미래 지향적, 기업가정신으로 무장된 세대다.

MZ세대의 사회 진출이 증가하면서 노동현장에서 이들 세대를 끌어들이기 위한 변화가 일어나고 있다. 이들이 좋아하도록 사무실 공간이나 일하는 방식이 바뀌고 있고, 새로운 제도가 도입되었다. 이들 세대를 관리하기 위한 새로운 리더십도 요구된다. 소비 시장도 변모하고 있다. 취향저격^{YOLO}과 자랑^{Flex} 소비에 맞춰서 새로운 마케팅 기법이 이용되고 있다. 공유 경제와 구독 경제에 참여하는 비율도 가장 높은 세대다. 자동차 시장의 경우 구매보다는 대여 비율이 높다.

코로나 사태로 인해 디지털 친화적인 MZ세대의 중요성은 더욱 확대되고 있다. 이들 세대와 갈등을 겪지 않기 위해서는 부머^{Boomer} 세대가 주머^{Zoomer} 세대로 바뀌어야 한다. 가장 빠른 방법은 이들 세대를 이해하고 '공감'하는 능력을 갖추는 것이다.

⑫ 12주차 소비자 선택 모형과 사례 적용 (5.10 ~ 5.16)

소비자의 선택을 설명하는 기존 이론들이 있다. 예를 들어 휴리스틱, 닻 내림 효과, 선택의 역설 그리고 최근에는 뇌 과학에 이르기까지 다양한 이론들이 존재한다. 이 이론들의 결론은 인간의 선택이 합리적이기보다는 비합리적이라는 것이다.

외국어대학교 전종근 교수님은 '소비자의 선택이 결정되는 순간이 언제인가?'에 대한 연구를 하고 있다. 소비자 선택에는 두 가지 요인이 작용하는데, '지식수준'과 '대안의 수'다. 지식수준과 대안의 수가 균형을 이루는 선을 '균형선'이라고 하고, 이 균형선에 있을 때 사람들의 선택 확률이 높아진다는 것이다.

균형선 아래에 있는 영역을 불안영역이라고 하고, 균형선 위의 영역을 불만영역이라고 한다. 즉 대안의 수가 소비자의 지식보다 많다면 불안영역에 속하고, 대안의 수보다 소비자의 지식수준이 높다면 불만영역에 속한다.

균형선을 이용하면 소비자의 선택에 도움을 주는 마케팅 활동을 할 수 있다. 즉 불안영역에 있는 소비자에게는 지식수준을 높여주거나 대안의 수를 줄여주면 된다. 예를 들어 전문 커피숍에 온 고객의 지식수준이 높지 않아 다양한 커피 종류에 당황해할 때, 단맛, 신맛, 쓴맛 등 몇 가지 종류로 분류해주면 소비자의 선택은 한결 쉬워질 것이다. 최근 넷플릭스를 보면 추천 항목이 몇 가지로 나뉘어 있는 것이 이런 예다.

불만영역에 있는 소비자들에게는 대안의 수를 증가시켜 주면 된다. 예를 들어 여행사에서 여행 상품을 팔 때 패키지여행에 불만이 있는 고객에게는 자유여행의 옵션을 추가해 선택 가능성을 높이는 것이다.

⑬ 또다시 강의 중단 그리고 재시작

전종근 교수님의 강의를 끝으로 또다시 오프라인 강의

가 중단되었다. 강의 자체가 언제 시작할지 알 수 없는 상황에서 시간이 마냥 흘렀다. 초중고는 물론이고, 대학교와 모든 사회교육 기관들의 수업이 온라인으로 대처되는 상황이었다. 애초에 5월 14일이 12주차 강의로 종강할 계획이었다. 그러나 6월 중순이 되었지만, 아직 종강하지 못하고 기간만 늘어지고 있었다. 4주간 수업이 중단된 후, 운영위원회에서 3회에 걸쳐서 추가 강의를 하고 수료식을 하는 것으로 결정 내렸다.

⑭ 추가강의 : 당신이 아마존의 마케팅 책임자라면?(6.18)

마지막 세 번의 강의 중 첫 번째는 김기찬 교장 선생님이 맡았다. 주제는 "당신이 아마존의 마케팅 책임자라면?"이었다. 지금까지 마케팅3.0에서 주장하는 것을 종합적으로 정리한 내용이었다. 특히 호모 엠파티쿠스에 대한 이야기가 많았다.

⑮ 추가강의 : 당신이 아마존의 마케팅 책임자라면?(6.25)

두 번째는 가톨릭대학교 겸임교수로 재직 중인 차현주 교수님이 전통적인 마케팅 기법에 대해서 종합적으로 강의했다. 마케팅의 가장 기본이 되는 4P에 대한 개념과 이를 활용한 마케팅 전략 수립에 대한 내용이었다. 대학을 졸업하고 25년이나 지났지만, 그때 배웠던 내용들이 새록새록 기억나게 하는 강의였다.

⑯ 추가강의 : 마르크스, 케인스, 그리고 마케팅(7.2)

마지막 세 번째는 한남대학교 이규현 교수님의 강의였다. 시장이라고 하는 것은 1763년 애덤 스미스가 보이지 않는 손에 관해 이야기하면서 시작되었다. 시장이 생기면서 자본주의는 크게 성장했다. 이 과정에서 시장은 혁신과 불평등을 낳았다. 1700년대에는 시장주의자가 득세하고, 1800년대에는 마르크스주의자가 득세했다. 그러다가 1930년대 보이는 손이라는 케인즈의 이론으로 마케팅은 새로운 국면을 맞았다. 그래서 마지막 수업의 주제는 '마르크스, 케인즈 그리고 마케팅'이었다.

(9) Two Trek으로 진행되었던 4기 과정

이번 4기 과정은 크게 두 가지 과정으로 진행되었다. 하나는 김기찬 교장 선생님이 주도하는 '마케팅 진화' 과정이었다. 마케팅은 현재 3.0까지 진화한 상태다. 김기찬 교수님은 여섯 번에 걸쳐서 마케팅의 변화 과정과 궁극적으로 '공감하는 인간이 되어야 한다'라는 메시지를 꾸준히 던져 주었다. 이외에도 1주차 첫 강의자였던 코웨이의 김형권 상무님부터 마지막 이규현 교수님까지 모든 분의 강의가 마케팅 진화와 관련된 강의였다.

다른 하나는 비즈니스모델을 활용한 마케팅 분석이었다. 이 과정은 배종태 교감 선생님이 주도했다. 배 교수님은 3주차에 '기업가정신과 비즈니스 모델 혁신' 강의를 시작으로 총 5회에 걸쳐서 비즈니스 모델에 대해 강의했다. 애초 비즈니스 모델은 수강생들이 실습을 통해 익혀야 하는 과정이었다. 온라인 수업으로 수강생들의 참여도가 낮아져서 조별 과제를 내주기도 하고, 넷플릭스와 메가젠 임플란트에 대한 비즈니스 모델을 직접 작성해 수강생들에게 배포하기도 했다. 그러나 온라인 수업으로 인해 수강생들이 직접 비즈니스모델을 작성해보지 못한 아쉬움이 남는 과정이었다.

(10) 조촐하게 진행된 수료식

길고 긴 과정을 거친 꼼파니아학교 수료식이 7월 9일에 있었다. 2기 수료식과 3기 수료식 때는 분장 도구를 이용해 축제 같은 분위기로 수료생 대부분이 참석했다. 하지만 4기 수료식에는 별다른 준비를 하지 않았다. 참석자들도 수료생의 일부에 지나지 않았다. 긴 여정에 비해 초라한 마무리였다. 다만, 인도네시아의 헤르마와 카타자야 회장이 ZOOM으로 축하 인사를 보냈고, 차순연 여사가 음식 준비를 해 와서 참석자들의 마음과 입을 기쁘게 했다.

참가자들은 몇 명 없었지만 한 사람, 한 사람이 교장

선생님에게 수료증을 받고 기쁜 마음으로 사진을 찍었다. 올해 꼼파니아는 ICSB의 공식 후원 기관이 되었다. 그래서 수료증에도 ICSB마크가 찍혀 이전보다 한결 멋스러웠다. 교장 선생님의 그동안의 간단한 소회와 교감 선생님의 끝이 새로운 시작이라는 축하 말이 있었다.

수료식 끝난 후, 간단한 다과와 함께 그동안 느꼈던 소회를 나누는 시간을 가졌다. 어느 기수보다 힘든 과정이었다. 그래서인지 아쉬움이 가장 컸다. 코로나로 인한 비대면 강의는 빵을 함께 나누는 공동체를 지향하는 꼼파니아 정신과 맞지 않았다. 처음 해보는 온라인 수업이라 음성 전달이 제대로 되지 않기도 했고, 화면이 중단되기도 했다. 일부 수강생들만 강의실에서 수업을 들었고, 나머지 수강생 중에서는 몇 명이나 온라인 강의를 들었는지 몰랐다. 수강생들이 이번 기수 강의를 어떻게 평가할지도 궁금했지만, 한편으로 걱정되기도 했다.

하지만 수강생들의 반응은 의외였다. 함께 수업에 참여하지 못한 것에 대해 아쉬움은 컸지만 코로나 사태로 인해 온라인 수업을 한 것에 대한 장점도 많았다는 말했다. 기술적인 문제가 있기는 했지만, 다음 기수에서는 더 나아질 것이라고 격려도 해주었다. 비대면 강의로 인해 수강생들의 마음을 알지 못하다가, 그나마 수료식에서 수강생들의 좋은 평가를 들을 수 있어 그동안 나의 노고가 헛되지 않았음을 실감했다.

주차	날짜	강의 주제
1회	2.20	[개강식] [강의1] 김기찬 교수(가톨릭대) 마케팅이란 무엇인가? [강의2] 김형권 마케팅전략부문장(코웨이) 4차 산업혁명과 마케팅 [강의3] 주영섭 교수(고려대) 사람 중심 기업가정신기반 비즈니스모델 혁신
2회	2.27	[강의] 김기찬 교수(가톨릭대) 왜 기업가형 마케팅인가?
3회	3.5	[강의1] 김기찬 교수(가톨릭대) 마케팅과 업의 본질 [강의2] 배종태 교수(KAIST) 기업가정신과 비즈니스모델 혁신
4회	3.12	[강의1] 김기찬 교수(가톨릭대) 마케팅의 진화 (마케팅 1.0 ~ 5.0) [강의2] 배종태 교수(KAIST) 비즈니스모델 캔버스 작성방법과 사례
5회	3.19	[강의1] 김기찬 교수(가톨릭대) 호모 엠파티쿠스의 가설 [강의2] 조영덕 대표(제로베이스경영연구소) 피터 드러커와 혁신: 5가지 질문을 중심으로
6회	3.26	[화상 Talk] 김기찬 교수(가톨릭대) 코로나 19 이후의 경제회복 시나리오 [영상 강좌] 조영덕 대표(제로베이스경영연구소) 5Q 기반 마케팅과 혁신
7회	4.2	[강의] 송창석 교수(숭실대) 국제 마케팅적 사고의 힘
8회	4.9	[강의] 전인수 교수(홍익대) 문화 마케팅
9회	4.16	[강의] 이규현 교수(한남대) 혁신과 마케팅
10회	4.23	[강의] 박철 교수(고려대) 마케팅과 문화
11회	5.7	[강의1] 안길상 교수(충북대) Z세대, 그들이 몰고 올 파고들 [강의2] 배종태 교수(KAIST) 비즈니스모델 프로젝트 실습 (메가젠 임플란트)
12회	5.14	[강의1] 전종근 교수(외국어대) 소비자 선택 모형과 사례 적용 [강의2] 배종태 교수(KAIST) 스마트팜 n.thing의 사업모형 사례
13회	6.18	[강의] 김기찬 교수(가톨릭대) 당신이 아마존의 마케팅 책임자라면?
14회	6.25	[강의1] 배종태 교수(KAIST) 포스트 코로나 시대의 세상 [강의1] 차현주 교수(가톨릭대) 마케팅 전략 세우기: STP를 중심으로
15회	7.2	[강의] 이규현 교수(한남대) 마르크스, 케인즈, 그리고 마케팅
16회	7.9	[수료식]

강의 종합(총 24회) ❶ 마케팅[16회] 마케팅 기본(4회), 마케팅 응용/사례(9회), 마케팅 종합(3회)
❷ 비즈니스모델 혁신과 기업가정신[5회]
❸ 코로나19의 영향 및 기타 [3회]

4기 수료식 참석자들의 짧은 소회

: 송창석_ 숭실대 교수

꼼파니아 4기 여러분의 졸업을 축하드린다.

수업 기간 내내 코로나 19로 온라인 수업을 병행하여 많은 어려움이 있었다. 그럼에도 불구하고 이번 경험 또한 뉴노멀 시대의 새로운 교육방식을 체험했다고 할 수 있을 것이다. 졸업을 통해 꼼파니아학교의 철학을 다시 한 번 돌아보았으면 한다. 꼼파니아는 같이 공부하는 학교이면서 재미있는 협력과 연결의 플랫폼이었다. 그러면서도 꼼파니아는 원래 학생들이 꼼파니아를 찾은 이유, 즉 '의미'를 언제나 가장 우선순위에 두고 있었다. 정해진 공부시간을 엄수했으며 그날 학습한 것이 어떤 시사점을 주는지 끊임없이 논의하였다.

꼼파니아 4기 수강생들이 꼼파니아 학교를 통해 학습의 즐거움, 관계와 협력의 즐거움을 알게 되었기를 바란다. 그리고 재미와 의미가 공존할 때 각자가 찾고자 하는 관계와 협력은 더욱 견고하게 오래 갈 것이라는 믿음을 갖게 될 것이다.

4기 수료식 참석자들의 짧은 소회

: 임홍재_ 전 베트남 대사

'사람 중심 기업가정신'은 우리 시대가 갈 길을 등불처럼 안내해주고 있다. 시대가 변하고 기술이 발전해가고 있지만 모든 일에서 사람만큼 중요한 가치는 없을 것이다. 밀턴 프리드먼은 '기업의 사회적 책임은 이윤 창출이다'고 주장했지만, 이윤이 최대 목표인 기업도 이제는 사람을 중심에 두어야 한다. 이런 접근은 기업에게 선택이 아니라 의무다. 그래서 유엔도 2000년에 글로벌 콤팩트Global Compact를 설립해서 기업들에게 전략, 정책, 관행에서 인권, 노동, 환경, 반부패를 내재화해 운영하면서 사람을 중심에 둘 것을 권장했다. 이렇게 해서 성공한 기업의 사례는 수없이 많다.

코로나바이러스19가 발생하자 전 세계가 백신 개발에 열중하고 있는데, 우리는 기업 운영에 필요한 좋은 백신을 이미 개발해놓았다. '사람 중심 기업가정신'이 바로 그 백신인데, 꼼파니아학교는 백신주사를 놓는 병원이다. 올해 초 4기 과정에 60여 명의 우리나라 기업 유망주들이 이 백신 주입 과정에 참여했다. 치료보다는 예방의 중요성을 인식하고 온 이 참가자들의 넘치는 열정을 보면서 우리나라의 장래가 참 밝다고 느꼈다. 나라 안이 온갖 분열과 시위로 시끄럽지만 그래도 경제도 발전하고 번영을 누리는 것은 이런 젊은 지도자들이 있기 때문으로 보인다. 꼼파니아는 이런 미래 주인공들을 연결해주는 연결자며, 실행을 통해 경험을 공유하는 촉진자 역할을 수행하고 있다. 특유의 포럼이다.

코로나바이러스19로 계획했던 것만큼 대면의 기회를 갖지 못해 아쉬웠지만 '사람 중심 기업가정신' 전도사들은 열심히 메시지를 전해주었다. 공정호 국장님의 노력으로 유튜브로 강의를 들었다. 온라인 강의를 통해 교수님들이 전해준 메시지는 듣는 사람들의 기름진 땅에 떨어져 70배, 100배의 결실을 볼 것으로 믿는다.

내 나이 이제 70이라 4기 참가자 중 최고령자로 생각한다. 건강한 노후에는 걷는 게 최고라고 한다. 매일 1만 보를 목표로 한 것은 지금까지는 잘 이행하고 있다. 집 근처 대학의 옥상 텃밭을 분양받아 각종 채소를 기르며 농부의 땀을 체험하면서 힐링도 하고 있다. 활동하는 노후로 육체적인 봉사활동도 하고 싶은데 봉사를 받아야 할 사람이라

4기 수료식 참석자들의 짧은 소회

며 봉사는 오지 말라고 한다. 유엔 기준으로 보면 아직 청장년인데 말이다. 그리고 보니 4기 과정의 참여는 나에게 준 특권이었다.

꼼파니아학교는 앞으로도 틀림없이 잘 발전해나갈 것이다. 김기찬 교장님의 기업경영 지식과 경험은 누구와도 견줄 수 없는 보배며, 그의 겸손은 또 하나의 자산이다. 기념사진 촬영할 때만 봐도 알 수 있다. 항상 중앙 자리는 양보하고 맨 끝에 선다. 공정호 국장님의 헌신적인 노력은 유튜브로 전해지는 숨소리에서도 느껴진다. 천경희 교수님과 차순연 여사님이 매번 준비해주는 '일용할 양식'의 맛은 오래 기억될 것이다. 모든 참가자의 일거수일투족은 자발적이다. 꼼파니아학교에서만 볼 수 있는 참 좋은 모습이다.

: 문진호_ 신한신용정보 단장

1970년 4월 11일 플로리다 케네디 우주센터에서 달을 향해 일곱 번째 유인우주선인 아폴로 13호가 발사되었다. 하지만 고장으로 달에 착륙하지 못하고 4월 17일 지구로 귀환했다. 발사 이틀 후 지구에서 32만km 떨어진 지점에서 사령선의 산소탱크 중 하나가 폭발했고, 다른 하나도 손상되어 산소가 누출되었다. 결국 사령선 기능을 정지시키고, 달착륙선으로 피난한 후 2인용으로 설계된 달착륙선으로 달을 선회해 산소와 이산화탄소를 농도 조절을 해가며 3인이 무사히 귀환에 성공할 수 있었다. 9개월 후 발사된 14호는 기존의 문제점을 보완해 무사히 달에 착륙하고, 임무를 완수한 뒤 귀환했다.

서양에서는 '13'이라는 숫자를 불운의 상징으로 여긴다. 그래서 아폴로 13호에 대해서도 많은 말이 있었다. 하지만 우주 탐험을 향한 인류의 도전에는 예기치 못한 위험이 항상 도사리고 있으므로 당시 그런 사고가 일어난 상황보다 어떻게 그런 상황을 극복했느냐의 관점에서 보는 것이 맞다. 관제센터에서 수많은 전문가의 집단지성과 전략

4기 수료식 참석자들의 짧은 소회

적 선택, 아폴로 13호 선장의 리더십을 중심으로 3인의 우주인이 서로 신뢰하고 협력하지 않았다면 무사히 귀환하는 것은 불가능했을 것이라는 점과 13호에서 발견된 문제점을 보완하고 극복해 다음 우주선의 성공에 큰 도움을 주었다는 교훈을 남겼다.

2020년 세계적인 위기로 찾아온 코로나19가 한참 확산되던 2월 말 꼼파니아 4기 개강을 하게 되었고, 그 시기부터 정부 주도의 강도 높은 사회적 거리두기 방침이 시행되었다. 1~3기가 오프라인 수업으로 끈끈한 유대관계를 발전시켰던 꼼파니아학교도 난관에 봉착했다. 혹자는 동양의 미신 관점에서는 '4'라는 숫자가 불운을 상징하기 때문에 꼼파니아 4기도 위기상황을 맞았다고 말할 수도 있다. 하지만 김기찬 교장 선생님의 리더십을 중심으로 교감, 교수위원, 간사, 운영위원, 덕후님 등이 발 빠르게 대처해 언택트 방식으로 수업을 전환하고, 유튜브와 줌을 통해 온라인 강의를 시도했다. 처음 시도했지만 준비 기간 등을 고려했을 때 비교적 성공적이었다.

혁신이 성공하려면 사람 중심 기업가정신의 10개 요소 중 가장 중요한 공감이 필요한데 꼼파니아 4기 수업 진행 과정에서 확인하게 된 좋은 계기였다. 도입 장비, 기술, 지원 모두 화려하지 않았지만, 우리 상황에 잘 맞춰 진행되었고, 꼼파니아에 처음 참여한 덕후님들은 아쉬움이 남을 수 있는 상황에서도 상황을 이해하고, 공감해주었다. 공감 덕에 꼼파니아 4기의 '슬기로운 꼼파니아 생활'이 가능했던 것으로 보인다.

어쩌면 코로나19가 만들어낸 상황을 계기로 향후 디지털화나 언택트가 빠르게 확산하며, 일하는 방식의 변화가 급격해지는 환경에서 차별적 기술 도입과 구축 그리고 새로운 시대에 유연하게 대처할 수 있는 사람 중심 기업가정신의 발휘가 새로운 성공 요인임이 더욱 분명 해진 것 같다.

이번 4기가 잘 적응해낸 언택트 환경 경험을 기반으로 더욱 발전하는 꼼파니아가 되기를 간절히 바라는 마음과 이런 성공적인 마무리를 위해 힘써 주신 모든 분께 깊은 감사의 마음을 전한다.

4기 수료식 참석자들의 짧은 소회

: 박란_ 동아TV 대표

올해 전 세계로 확산된 코로나19로 인해 언택트 시대가 눈앞으로 다가왔다. 이러한 가운데 시작된 꼼파니아 수업은 언택트 시대를 준비해야 하는 개인과 자영업자, 중소기업대표, 기관에 근무하시는 분들을 포함해 참여한 모든 사람에게 절실히 필요했던 수업이었다고 생각한다.

그동안은 대면으로 이루어졌던 수업과 상호교류의 장이 이번 4기에서는 비대면 수업 진행방식의 신기술을 도입해 시도해보는 좋은 기회였다. 참여한 모든 사람과 비록 비대면이지만 상호 소통방식을 한 단계 높여 실행하고 경험해보는 좋은 기회가 되었다. 또한 김기찬 교장 선생님이 강의한 '마케팅이란 무엇인가?'부터 '마케팅의 3.0까지의 진화'에 대한 내용은 기본기를 다져 주었다. 그리고 '왜 사람 중심의 기업가정신인가?'와 '아마존 마케팅 책임자라면?'까지의 다이내믹한 수업은 귀 기울여 듣게 하는 마력이 있는 강의였다. 이러한 풍부한 강의 내용은 현장에서 적용해볼 수 있는 현실적인 수업이어서 기억에 남는다. 경영을 하는 입장에서 적용할 수 있는 부분은 임원회의 때 공유해 적용해보고 있다. 이처럼 꼼파니아는 어떠한 상황에서도 조금씩 성장해가고 있는 것이 분명하다.

언택트 시장의 급성장과 재택근무가 자연스럽게 자리를 잡아가는 사회현상이 이제 그리 낯설게 느껴지지 않을 만큼 자연스러워졌다. 이에 모든 기업이 언택트 시대에 맞춰 소비자에 대한 정의를 다시 내리고 발 빠르게 변하는 움직임에 속도를 맞춰 나가고 있다. 이러한 시대적 변화를 맞이한 가운데 이번 학기는 변화 속에서의 도태가 아니라 그 변화를 주도하거나 일원이 되는 최소한의 나침판 같았다. 이에 그 속에 속했던 나 또한 조금 더 성장한 좋은 시간이었다.

: 박재형_ 법무사

강의를 들으면서, 세상의 흐름을 만들어가는 사람들의 시각과 관점에서 마케팅을 하는 것이 아니라, 먼저 사람들의 관심을 끌 수 있는 창조적인 아이디어, 제품개발 그리고 마케팅이 중요하다는 것을 느끼고 배웠다.

: 팽경인_ 그룹세브코리아 대표이사

    STP와 마케팅믹스 등 마케팅이론부터, 마케팅 3.0과 4.0과 같이 시대변화에 따라 진화하는 마케팅의 역할, 코로나로 인한 뉴노멀 시대에 어떻게 대응할 것인가 등등 참으로 다양하고 흥미진진한 주제들을 두루 섭렵할 수 있는 값진 시간이었다. 특히 코로나로 야기된 물리적 제약 속에서도 발 빠른 기술적 대처로 줌, 유튜브 등을 이용해 차질 없이 강의를 들을 수 있게 진행해준 점에 감사드린다. 참가자들에게 유익한 강의를 하나라도 더 전달하기 위해 마지막 순간까지 최선을 다해 주신 김기찬 교장 선생님과 배종태 교감 선생님께 깊이 감사드린다.

필자 소개

김기찬

가톨릭대학교 경영학부 교수로 재직하고 있다. 조지워싱턴대 Distinguished Professor(Global Faculty), 세계중소기업학회 회장ICSB과 한국중소기업학회 회장, 아시아중소기업학회ACSB 회장, 유엔글로벌콤팩트 한국협회 이사를 역임하였다. 서울대학교에서 경영학 박사학위를 받았으며, 동경대학교 경제학부 객원연구원과 MIT 방문연구원, 대통령 국민경제자문회의 혁신분과 의장을 역임하였다. 윤경포럼 공동대표로 활동하고 있으며, Journal of Small Business Management의 Associate editor을 역임하였다. 한국경영학회 최우수논문상 수상(2005), 매일경제신문 논문대상, 근조포장수상(2012), 한국경영학회 60주년 최우수 논문상(2016), ICSB World Conference Best Paper Award(2018) 등을 수상하였으며 「매경이코노미」에서 조사한 '한국의 경영대가'에 선정되었다.

임홍재

1977년 외무고시 11기에 합격, 주 뉴욕총영사관, 태국, 코스타리카, 유엔대표부, OECD대표부에서 근무했고 국회통일외교통상위원회, 한국국제협력단에 파견 근무 후 외교부에서 국제경제국장을 역임했다. 그후 이라크, 이란, 베트남 주재대사로 재직하였다. 2010년에 정년퇴직 후 청주대 초빙교수, 유엔글로벌콤팩트 한국협회사무총장, 아셈노인인권정책센터 원장으로 근무했다. 현재는 대한적십자사시니어봉사단장, 국가인권위원회정책자문위원 및 국제인권전문위원으로 봉사하고 있다. 《국제회의참가와 협상》, 《베트남 견문록》 등 저서가 있다. 모든 일은 사람이 중심이며 이해와 포용의 공감이 만사해결의 열쇠다.

팽경인

Tefal과 WMF를 대표 브랜드로 두고 있는 그룹세브코리아의 창립멤버로서 마케팅 디렉터, 세일즈 디렉터를 거쳐 2009년부터 대표이사를 맡고 있다. 고객과 직원들과의 소통을 통해 함께 성장하며 한국 소비자들의 일상생활을 편리하게 돕는 현지화 마케팅에 주력하고, 성취와 기여의 균형을 통해 행복을 추구하고자 한다. A.C. Nielsen 조사연구원, 코닝코리아(現 코렐브랜드) 소비자제품 마케팅 과장 역임. 이화여대 및 대학원 사회학과 졸업, ECCK(유럽상공회의소) 주방가전 위원회 위원장, KCMC(다국적기업 최고경영자협회) 부회장, WCD(세계여성이사협회) 이사, 이화비즈 이사, 한국장학재단 사회리더 대학생 멘토링활동, GPTW(Great Place To Work Institute) 주관 '한국에서 가장 존경받는 CEO' 상 수상, 경영참여를 통해 여성의 사회참여 확대 및 권익증진에 기여한 공로로 여성가족부장관 표창을 받았다.

박명길

코칭경영원 파트너코치로서 신뢰와 상생을 위한 코치역할을 수행하고 있다. 포스코, 포스코건설, 포스메이트, 포항공대 법인 등에서 34년간 실무 담당자, 임원 및 CEO로 재직하면서 구매 조달, 상생과 동반성장, PI(Process Innovation), 교육 및 인재개발, 종합서비스업, 대학법인 운영 등의 업무를 수행했다. 중기중앙회 대·중소기업 분쟁조정위원회에서 다양한 분쟁조정역할을 하였으며, 대·중소기업 협력 대상 동탑산업훈장을 수상하였다. 공저로 《CEO출신 코치들의 경영자 코칭》이 있다.

배종태

서울대학교 산업공학과를 졸업하고 카이스트에서 경영과학으로 석사학위와 박사학위를 받았다. 기술혁신경영, 기업가정신, 사회가치경영, 과학기술정책에 대해 연구하고 있다. 현재 카이스트 경영대학 교수로 재직하면서, 혁신 및 기업가정신 연구센터장을 맡고 있다. Journal of Business Venturing, Research Policy 등 국내외 저널에 60여 편의 논문을 발표하였고,《사람중심 기업가정신》,《사회가치경영의 실천 전략》,《생산경영과 기술경영》,《Good 비즈니스 플러스》 등의 저서가 있다.

공정호

연세대학교 경영학과 졸업하였으며, 가톨릭대학교 경영학과 석사 학위를 받았다. 현대자동차에서 직장생활을 시작해 증권사 애널리스트로 직장생활을 마감하였다. 2년 간의 미국생활을 마치고 한국으로 돌아와 마을공동체 활동에 참여하기 시작하면서부터 사회 구성원과의 경쟁이 아닌 협력을 통해 행복을 찾기 시작하였다. 현재 한·인도네시아경영학회 사무국장으로서, 김기찬 학회장을 도와 사람들이 더 많이 꿈꾸고, 더 많이 배우고, 더 많이 실천하는 '공감하는 사람'이 되도록 함께 꿈꾸고, 함께 배우고, 함께 실천하고 있다.

공감의 窓, 혁신의 화살
평범한 사람의 뇌도 이렇게 하면 비범한 성과를 만들어 낸다

초판 1쇄 인쇄 2021년 10월 4일
초판 1쇄 발행 2021년 10월 13일

지은이 김기찬 · 임홍재 · 팽경인 · 박명길 · 배종태 · 공정호

발행인 권대우
인쇄,제본 삼화인쇄
펴낸곳 시사저널사

주소 서울시 용산구 한강대로 43길 5 (우) 043/6
문의 02-3703-7100
홈페이지 www.sisajournal.com
등록일 2011년 2월 11일 | 등록번호 제2011-000012호
ISBN 979-11-89970-06-2 (13320)

＊정가 15,000원
＊잘못된 책은 구입처에서 교환해 드립니다.